Personalia

Nòmber:
Adrès:
Telefòn / Mobil:
E-mail:
Tipo di sanger:
Alérgiko pa:

Dòkter di kas :
Telefòn :
Adrès:

Den kaso di emergensia
Nòmber:
Adrès:
Telefòn:

Dentista:
Specialista:

	Nòmber:	Nòmber:	Nòmber:	Nòmber:	Nòmber:	Nòmber:
Dòkter						
Dentista						
Spesialista						
Zùster						

NOS TATA

'Nos Tata ku ta den shelu, Bo nòmber sea santifiká. Ku Bo reino bin. Ku Bo boluntat sosodé na tera meskos ku den shelu. Duna nos awe nos pan di kada dia.

I pordoná nos nos debenan, meskos ku nos tambe ta pordoná nos debedónan.

I no hiba nos den tentashon, ma libra nos for di e malbado. Pasobra di Bo e reino ta, i e poder i e gloria, pa semper. Amèn.

Mateo 6:9-13

1

Djárason
Wednesday

Palabra Kuidadoso
E hende ku no ta faya den loke e ta bisa ta un hende madurá.
Kuida bo boka. Kuida bo palabranan.
Santiago 3:1-7

05:00
06:00
07:00
08:00
09:00
10:00
11:00
12:00
01:00
02:00
03:00
04:00
05:00
06:00
07:00
08:00

Bin serka Mi tur ku ta kansá i kargá, i lo Mi duna boso sosiegu.
Mateo. 11:28

2

Djaweps
Thursday

"Ningun arma ku wòrdu formá kontra bo lo no prosperá; i tur lenga ku lanta kontra bo den huzgamentu lo bo kondená. Esaki ta e erensia di e sirbidónan di SEÑOR, i nan hustifikashon ta bin for di Mi," SEÑOR ta deklará.

Isaias. 54:17

05:00

06:00

07:00

08:00

09:00

10:00

11:00

12:00

01:00

02:00

03:00

04:00

05:00

06:00

07:00

08:00

Tuma tempu pa hasi loke bo ta gusta hasi. Bai laman, lesa un bon buki òf wak un pelikula. Tempu pa bo mes ta importante i nesesario.

3

Jesus a bisa nan: "Ami ta e pan di bida; esun ku bin serka Mi lo no
haña hamber, i esun ku kere den Mi lo no haña set nunka".
Huan 6:35

05:00 ....

06:00 ....

07:00 ....

08:00 ....

09:00 ....

10:00 ....

11:00 ....

12:00 ....

01:00 ....

02:00 ....

03:00 ....

04:00 ....

05:00 Felis Sabat ....

06:00 ....

07:00 ....

08:00 ....

Ta un bida so bo tin, bibé!

4

Djasabra
Saturday

05:00

07:00

09:00

11:00

01:00

03:00

05:00

07:00

08:00

5

Djadumingu
Sunday

05:00

07:00

09:00

11:00

01:00

03:00

05:00

07:00

08:00

NIUN HENDE NO
POR BAI BĚK I KUMINSÁ
DI NOBO
PERO TUR HENDE POR
START AWOR
AKI DI NOBO!
#KUMINSAMENTU NOBO

Yanüari

2020

6

Djaluna
Monday

Éksodo 14:14 SEÑOR lo bringa pa boso i boso lo keda ketu."

05:00

06:00

07:00

08:00

09:00

10:00

11:00

12:00

01:00

02:00

03:00

04:00

05:00

06:00

07:00

08:00

E hustu ta kore bai serka Dios den tempu di problema.

7

Djamars
Tuesday

Génesis 1:27 I Dios a krea hende segun Su mes imagen; segun e imagen di Dios El a krea hende; hòmber i muhé El a krea nan.

05:00

06:00

07:00

08:00

09:00

10:00

11:00

12:00

01:00

02:00

03:00

04:00

05:00

06:00

07:00

08:00

Ora mi wak den spil mi ta mira e reflekshon di Dios Su grasia.

8

Djárason
Wednesday

Salmo 46:10 "Sea ketu, i sabi ku Ami ta Dios; lo Mi wòrdu halsá meimei di e nashonnan, lo Mi wòrdu halsá riba tera."

05:00 ....

06:00 ....

07:00 ....

08:00 ....

09:00 ....

10:00 ....

11:00 ....

12:00 ....

01:00 ....

02:00 ....

03:00 ....

04:00 ....

05:00 ....

06:00 ....

07:00 ....

08:00 ....

Mei mei di turbulensia mi ta keda dependé riba Kristu Hesus.

9

Djaweps
Thursday

2 Krónikanan 20:17 Boso no tin mester di bringa den e bataya aki; stashoná boso mes, para i mira e salbashon di SEÑOR na boso fabor, O Juda i Jerusalèm.' No tene miedu ni desmayá; sali mañan pa enfrentá nan, pasobra SEÑOR ta ku boso.

05:00 _____

06:00 _____

07:00 _____

08:00 _____

09:00 _____

10:00 _____

11:00 _____

12:00 _____

01:00 _____

02:00 _____

03:00 _____

04:00 _____

05:00 _____

06:00 _____

07:00 _____

08:00 _____

Awe, pone bo konfiansa den Dios ku ta sali bringa na bo fabor!

10 Djabièrnè

Friday

Éksodo 14:13 Ma Moisés a bisa e pueblo: "No tene miedu! Para firme i mira e salbashon di SEÑOR ku E lo prepará pa boso awe; pasobra e egipsionan ku boso a mira awe, hamas i nunka boso lo bolbe mira nan."

05:00

06:00

07:00

08:00

09:00

10:00

11:00

12:00

01:00

02:00

03:00

04:00

05:00 Felis Sabat

06:00

07:00

08:00

Mi Dios, sera mi wowo pa problema, laga mi fiha mi bista riba Bo so.

11

Djasabra
Saturday

05:00
07:00
09:00
11:00
01:00
03:00
05:00
07:00
08:00

12

Djadumingu
Sunday

05:00
07:00
09:00
11:00
01:00
03:00
05:00
07:00
08:00

Orashon pa e Siman akí:

1 _____
2 _____
3 _____
4 _____
5 _____
6 _____
7 _____
8 _____
9 _____
10 _____
11 _____
12 _____
13 _____
14 _____
15 _____

Pasobra nos lucha no ta kontra karni i sanger, sino kontra e gobernantenan, kontra e podernan, kontra e forsanan mundial di e skuridat akí, kontra e forsanan spiritual di maldat den e lugánan selestial.

Efesionan 6:12

Wak Ariba

Ora mi ta desespshoná
Mi ta wak ariba
Ora mi no sa mas
Mi ta wak ariba
Ora mi tin gana di tapa skonde
Mi ta wak ariba
Ora di dia kla ta frui
Mi ta wak ariba
Ora bida ta duru,
Mi ta wak ariba,
Ora mi no sa mas kon pa resa,
Mi ta wak ariba
Paso…mi sa…
Ku…..
Dios ta wak abou

Luisette Kraal
www.luisettekraal.com

13

Djaluna
Monday

Éksodo 15:26 I El a bisa: "Si bo skucha atentamente na e bos di SEÑOR bo Dios, i hasi loke ta korekto den Su bista, i duna oído na Su mandamentunan, i warda tur Su statutonan, ningun di e malesanan ku Mi a pone riba e egipsionan lo Mi no pone riba bo; pasobra Ami, SEÑOR, ta bo Sanador."

05:00

06:00

07:00

08:00

09:00

10:00

11:00

12:00

01:00

02:00

03:00

04:00

05:00

06:00

07:00

08:00

Señor habri mi orea pa SKUCHA i HASI. Mi bida ta den Bo man.

14 Djamars

Numbernan 6:24 Ku SEÑOR bendishonábo i wardabo;

05:00

06:00

07:00

08:00

09:00

10:00

11:00

12:00

01:00

02:00

03:00

04:00

05:00

06:00

07:00

08:00

Señor su 10.000 bendishonnan ta mará den un bida di obedensia na E.

15

Djárason

Wednesday

Numbernan 6:25 ku SEÑOR hasi Su kara resplandesé riba bo, i tene
miserikòrdia di bo;

05:00

06:00

07:00

08:00

09:00

10:00

11:00

12:00

01:00

02:00

03:00

04:00

05:00

06:00

07:00

08:00

Awe ta un bon dia pa mi wak bèk den mi mes bida i rekordá tur e
biahanan ku Dios a warda mi. Asina lo mi keda konfia den Señor
pa mi futuro.

16

Djaweps
Thursday

Numbernan 6:26 ku SEÑOR halsa Su kara riba bo, i duna bo pas.

05:00

06:00

07:00

08:00

09:00

10:00

11:00

12:00

01:00

02:00

03:00

04:00

05:00

06:00

07:00

08:00

Ora mi keda fiha mi bista riba Dios mi ta prevení di hasi kosnan robes.

Yanüari 2020

17

Djabièrnè

Friday

Salmo 34:1 Lo mi bendishoná SEÑOR den tur tempu; Su alabansa lo ta kontinuamente den mi boka.

05:00

06:00

07:00

08:00

09:00

10:00

11:00

12:00

01:00

02:00

03:00

04:00

05:00 Felis Sabat

06:00

07:00

08:00

Ora mi para ketu kon Dios a bendishoná mi den pasado mi fe ta krese pa den futuro.

18

Djasabra
Saturday

05:00

07:00

09:00

11:00

01:00

03:00

05:00

07:00

08:00

19

Djadumingu
Sunday

05:00

07:00

09:00

11:00

01:00

03:00

05:00

07:00

08:00

20

Djaluna
Monday

Salmo 103:1 Bendishoná SEÑOR, O mi alma, i tur loke tin den mi, bendishoná Su nòmber santu.

05:00

06:00

07:00

08:00

09:00

10:00

11:00

12:00

01:00

02:00

03:00

04:00

05:00

06:00

07:00

08:00

Na promé lugá nos mester sa kiko ta Dios Su boluntat, i despues nos mester hasi Su boluntat. TUR ORA.

21

Djamars
Tuesday

Salmo 103:2 Bendishoná SEÑOR, O mi alma, i no lubidá ni un di Su benefisionan;

05:00

06:00

07:00

08:00

09:00

10:00

11:00

12:00

01:00

02:00

03:00

04:00

05:00

06:00

07:00

08:00

No solamente nos mester sigui Dios su mandamentunan, nos mester siña nan na nos yunan tambe.

22 Djárason

Salmo 1:2 Ma su delisia ta den e lei di SEÑOR, i den Su lei e ta meditá di dia i anochi.

05:00

06:00

07:00

08:00

09:00

10:00

11:00

12:00

01:00

02:00

03:00

04:00

05:00

06:00

07:00

08:00

Dios ta pidi mayornan pa nan siña nan yunan e Palabra di Dios. Realisá esaki, plania esaki i hasi esaki.

23

Djaweps
Thursday

Salmo 19:7 E lei di SEÑOR ta perfekto, e ta restorá alma; e testimonio di SEÑOR ta fiel, e ta hasi hende simpel bira sabí.

05:00

06:00

07:00

08:00

09:00

10:00

11:00

12:00

01:00

02:00

03:00

04:00

05:00

06:00

07:00

08:00

Mira tur problema i situashonnan di bida ku un brel Bíbliko. Ta Beibel so por guia nos, pa nos sa kiko ta bon i kiko ta malu. Bisti bo brel.

24

Djabièrnè

Friday

Salmo 19:8 E preseptonan di SEÑOR ta korekto, nan ta alegrá kurason; e mandamentunan di SEÑOR ta puru, nan ta iluminá wowo.

05:00

06:00

07:00

08:00

09:00

10:00

11:00

12:00

01:00

02:00

03:00

04:00

05:00 Felis Sabat

06:00

07:00

08:00

Abo por bisa meskos ku Josue, "Ami i mi kas lo sirbi Señor?" (Josue 24:15)

25

Djasabra
Saturday

05:00
07:00
09:00
11:00
01:00
03:00
05:00
07:00
08:00

26

Djadumingu
Sunday

05:00
07:00
09:00
11:00
01:00
03:00
05:00
07:00
08:00

TA YEGA UN MOMENTO KU BO VISHÓN MESTER **REALISÁ...**

SI NO, E TABATA DJIS UN SOÑO BUNITA!

Pastor Frank Daal

Yanüari

2020

Orashon pa e Siman akí:

1 _____
2 _____
3 _____
4 _____
5 _____
6 _____
7 _____
8 _____
9 _____
10 _____
11 _____
12 _____
13 _____
14 _____
15 _____

Pasobra nos lucha no ta kontra karni i sanger, sino kontra e gobernantenan, kontra e podernan, kontra e forsanan mundial di e skuridat aki, kontra e forsanan spiritual di maldat den e lugánan selestial.

Efesionan 6:12

27

Djaluna
Monday

Salmo 19:9 E temor di SEÑOR ta limpi, e ta permanesé pa semper; e huisionan di SEÑOR ta bèrdadero, nan tur ta kompletamente hustu.

05:00

06:00

07:00

08:00

09:00

10:00

11:00

12:00

01:00

02:00

03:00

04:00

05:00

06:00

07:00

08:00

Pruebanan lo bin pa refiná bo. Mantené e fe. Para firme. Keda fiel!

28

Djamars

Salmo 19:10 Nan (E huisionan di SEÑOR) ta mas deseabel ku oro, sí, mas ku hopi oro fini; tambe mas dushi ku miel i gotanan di panal di miel.

05:00

06:00

07:00

08:00

09:00

10:00

11:00

12:00

01:00

02:00

03:00

04:00

05:00

06:00

07:00

08:00

Dios su poder nunka por ser midí i nunka ta kaba.

29

Djárason
Wednesday

Salmo 19:12 Ken por diserní su mes erornan? Limpia mi di mi pikánan skondí

05:00

06:00

07:00

08:00

09:00

10:00

11:00

12:00

01:00

02:00

03:00

04:00

05:00

06:00

07:00

08:00

Dios su soberania ta mi mihó kompania.

30

Djaweps
Thursday

Salmo 119:105 Bo palabra ta un lampi pa mi pia i un lus pa mi kaminda

05:00

06:00

07:00

08:00

09:00

10:00

11:00

12:00

01:00

02:00

03:00

04:00

05:00

06:00

07:00

08:00

Kada dia ta un oportunidat nobo pa mira Dios su man habri laman kòrá.

31

Djabièrnè

Salmo 19:12 Ken por diserní su mes erornan? Limpia mi di mi pikánan skondí

05:00	
06:00	
07:00	
08:00	
09:00	
10:00	
11:00	
12:00	
01:00	
02:00	
03:00	
04:00	
05:00 Felis Sabat	
06:00	
07:00	
08:00	

Dios su soberania ta mi mihó kompania.

Buriku bai sint'un banda.

Bo konosé e historia kaminda Hesus ta drenta Herusalèm riba un buriku I tur hende ta bùig p'é, zuai palu di koko, I onra Hesus?

Pa simannan despues ainda e buriku ta broma i konta tur su amigunan ku hende a bùig p'e i hinka rudia su dilanti. Buriku bai sint'un banda.

Luisette Kraal

www.luisettekraal.com

Bukinan di Beibel

www.luisettekraal.com

Tèstament Biew

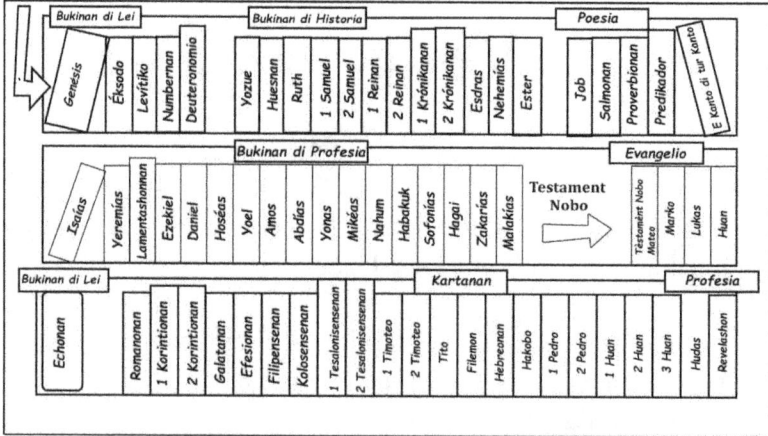

Bukinan di Lei | Bukinan di Historia | Poesia

Genesis · Eksodo · Levítiko · Numbernan · Deuteronomio | Yozue · Huesnan · Ruth · 1 Samuel · 2 Samuel · 1 Reinan · 2 Reinan · 1 Krónikanan · 2 Krónikanan · Esdras · Nehemías · Ester | Job · Salmonan · Proverbionan · Predikador · E Kanto di tur Kanto

Bukinan di Profesia | Evangelio

Isaías · Yeremías · Lamentashonnan · Ezekiel · Daniel · Hoséas · Yoel · Amos · Abdías · Yonas · Mikéas · Nahum · Habakuk · Sofonías · Hagai · Zakarías · Malakías

Tèstament Nobo

Tèstamènt Nobo · Mateo · Marko · Lukas · Huan

Bukinan di Lei | Kartanan | Profesia

Echonan | Romanonan · 1 Korintionan · 2 Korintionan · Galatanan · Efesionan · Filipensenan · Kolosensenan · 1 Tesalonisensenan · 2 Tesalonisensenan · 1 Timoteo · 2 Timoteo · Tito · Filemon · Hebreonan · Hakobo · 1 Pedro · 2 Pedro · 1 Huan · 2 Huan · 3 Huan · Hudas · Revelashon

---

Lesa bo Beibel un kapítulo pa dia. Ata aki e lista di kapítulonan di Tèstamènt Nobo. Gosa di nan. Marka ora bo kaba.

Beibel	Kapítulonan	Fecha	Beibel	Kapítulonan	Fecha
Mateo	28		1 Timoteo	6	
Marko	16		2 Timoteo	4	
Lukas	24		Tito	3	
Juan	21		Filemon	1	
Echonan	28		Hebreonan	13	
Romanonan	16		Santiago	5	
1 Korintionan	16		1 Pedro	5	
2 Korintionan	13		2 Pedro	3	
Galationan	6		1 Juan	1	
Efesionan	6		2 Juan	1	
Filipensenan	4		3 Juan	1	
Kolosensenan	4		Judas	1	
1 Tesalonisensenan	5		Rebelashon	22	
2 Tesalonisensenan	3				

1

Djasabra
Saturday

05:00
07:00
09:00
11:00
01:00
03:00
05:00
07:00
08:00

2

Djadumingu
Sunday

05:00
07:00
09:00
11:00
01:00
03:00
05:00
07:00
08:00

Ken ta Hasi Orashon Pa Mi?

Huan 17: 1- 26

Un dia mi mester a bai mi yu su skol pa tuma rapòrt. Tur kos a bai nèchi i yùfrou a papia bon so di mi yu. Despues di un ratu el a puntra mi: "Kon ta ku e artíkulo ku bo ta skibiendo pa skol?" Mi a habri wowo wak e. Kon yùfrou por sa ku mi tin un proyekto grandi? El a bisa mi: "Tur dia bo yu ta hasi orashon pa bo proyekto ora nos tin tempu di orashon den klas." Mi a keda sumamente kontentu ku mi yu ta kòrda mi den orashon. Kuantu mas kontentu mi a keda ora mi a lesa Huan 17. Hesus, si Hesus mes ta hasiendo orashon pa mi I pa bo.

Hesus ta pidiendo e Tata pa nos awor aki mes. Kiko mas nos mester?

Drs. Ed Kraal
Mishonero. Saved to Serve International Ministry

3

Djaluna
Monday

Deuteronomio 6:7 Siña nan ku tur diligensia na bo yunan, i papia di nan ora bo ta sinta den bo kas, ora bo ta kana riba kaminda, ora bo ta bai drumi i ora bo ta lanta.

05:00

06:00

07:00

08:00

09:00

10:00

11:00

12:00

01:00

02:00

03:00

04:00

05:00

06:00

07:00

08:00

Mi balor ta ser hañá den Kristu Hesus.

4

Djamars
Tuesday

Deuteronomio 10:12 I awor, Israel, kiko SEÑOR bo Dios ta pidi di bo, si no ta pa teme SEÑOR bo Dios, pa kana den tur Su kamindanan i stim'E, i pa sirbi SEÑOR bo Dios ku henter bo kurason i ku henter bo alma,

05:00 ....

06:00 ....

07:00 ....

08:00 ....

09:00 ....

10:00 ....

11:00 ....

12:00 ....

01:00 ....

02:00 ....

03:00 ....

04:00 ....

05:00 ....

06:00 ....

07:00 ....

08:00 ....

Ku e Bon Man di Dios sea riba bo pa bendishoná kada proyekto.

5

Djárason
Wednesday

Deuteronomio 10:13 i pa warda e mandamentunan di SEÑOR i Su statutonan ku mi ta ordenábo awe pa bo mes bon?

05:00 _____

06:00 _____

07:00 _____

08:00 _____

09:00 _____

10:00 _____

11:00 _____

12:00 _____

01:00 _____

02:00 _____

03:00 _____

04:00 _____

05:00 _____

06:00 _____

07:00 _____

08:00 _____

Buska Señor di henter bo kurason i lo bo hañé.

6

Djaweps
Thursday

Josue 1:6 Sea fuerte i tene kurashi, pasobra abo lo hasi e pueblo aki eredá e tera ku Mi a hura nan tatanan ku Mi ta duna nan.

05:00

06:00

07:00

08:00

09:00

10:00

11:00

12:00

01:00

02:00

03:00

04:00

05:00

06:00

07:00

08:00

Habri bo wowo p'e bunitesa rondó di bo.

7

Djabièrnè
Friday

Josue 1:7 Solamente, sea fuerte i tene hopi kurashi; pèrkurá di hasi konforme henter e lei ku Mi sirbidó Moisés a ordená bo; no bira for di djé ni na man drechi ni na man robes, pa bo por tin éksito unda ku bo bai.

05:00 ....

06:00 ....

07:00 ....

08:00 ....

09:00 ....

10:00 ....

11:00 ....

12:00 ....

01:00 ....

02:00 ....

03:00 ....

04:00 ....

05:00 Felis Sabat ....

06:00 ....

07:00 ....

08:00 ....

Señor no ta leu pero mas serka ku bo ta pensa.

8

Djasabra
Saturday

05:00

07:00

09:00

11:00

01:00

03:00

05:00

07:00

08:00

9

Djadumingu
Sunday

05:00

07:00

09:00

11:00

01:00

03:00

05:00

07:00

08:00

10

Djaluna

Josue 1:8 E buki di lei aki lo no apartá for di bo boka, ma bo mester meditá den djé di dia i anochi, pa bo pèrkurá di hasi konforme tur loke ta pará skirbí den djé; pasobra e ora ei lo bo hasi bo kaminda prosperá, i e ora ei lo bo tin éksito.

05:00

06:00

07:00

08:00

09:00

10:00

11:00

12:00

01:00

02:00

03:00

04:00

05:00

06:00

07:00

08:00

Mi plannan den Dios Su man, Dios por usa pa parti na dos kualke laman!

11

Djamars
Tuesday

Proverbionan 7:1 Mi yu, warda mi palabranan, i warda mi manda-
mentunan manera tesoro den bo.

05:00

06:00

07:00

08:00

09:00

10:00

11:00

12:00

01:00

02:00

03:00

04:00

05:00

06:00

07:00

08:00

Smail pasó no opstante bo situashon, Dios ta bon.

12

Djárason
Wednesday

Proverbionan 7:2 Warda mi mandamentunan i biba, i mi siñansa manera bo pret'i wowo.

05:00
06:00
07:00
08:00
09:00
10:00
11:00
12:00
01:00
02:00
03:00
04:00
05:00
06:00
07:00
08:00

Bo palabranan por edifiká òf kibra basha abou, skohe awe pa papia palabranan ku ta edifiká otro.

13

Djaweps
Thursday

Proverbionan 7:3 Mara nan na bo dedenan; skirbi nan riba tabla di bo kurason.

05:00
06:00
07:00
08:00
09:00
10:00
11:00
12:00
01:00
02:00
03:00
04:00
05:00
06:00
07:00
08:00

Beibel ta e úniko buki ku ta aplikabel na kada bida i na tur situashon anto ku resultado permanente.

14

Djabièrnè

Friday

2 Samuel 22:2 I el a bisa: SEÑOR ta mi baranka i mi fòrti, i mi libertador;

05:00

06:00

07:00

08:00

09:00

10:00

11:00

12:00

01:00

02:00

03:00

04:00

05:00 Felis Sabat

06:00

07:00

08:00

Disidí pa para firme riba tur e promesanan di Dios.

15

Djasabra
Saturday

05:00

07:00

09:00

11:00

01:00

03:00

05:00

07:00

08:00

F
e
b
r
u
a
r
i

16

Djadumingu
Sunday

05:00

07:00

09:00

11:00

01:00

03:00

05:00

07:00

08:00

2
0
2
0

Orashon pa e Siman akí:

1 _____
2 _____
3 _____
4 _____
5 _____
6 _____
7 _____
8 _____
9 _____
10 _____
11 _____
12 _____
13 _____
14 _____
15 _____

Pasobra nos lucha no ta kontra karni i sanger, sino kontra e gobernantenan, kontra e podernan, kontra e forsanan mundial di e skuridat aki, kontra e forsanan spiritual di maldat den e lugánan selestial.

Efesionan 6:12

17 Djaluna

2 Samuel 22:32 Pasobra ta ken ta Dios, si no ta SEÑOR? I ta ken ta un baranka, si no ta nos Dios?

05:00

06:00

07:00

08:00

09:00

10:00

11:00

12:00

01:00

02:00

03:00

04:00

05:00

06:00

07:00

08:00

Dios por usa mi miéntras ku mi ta soltero.

Februari 2020

18

Djamars
Tuesday

Salmo 18:2 SEÑOR ta mi baranka i mi fòrti, i mi libertador, mi Dios, mi baranka, den Kende mi ta tuma refugio, mi eskudo i e kachu di mi salbashon, mi toren haltu.

05:00

06:00

07:00

08:00

09:00

10:00

11:00

12:00

01:00

02:00

03:00

04:00

05:00

06:00

07:00

08:00

Keda konektá ku Dios awe!

19

Djárason
Wednesday

Salmo 144:1 Bendishoná sea SEÑOR, mi baranka, Kende ta tren mi mannan pa guera, i mi dedenan pa bataya

05:00 _____

06:00 _____

07:00 _____

08:00 _____

09:00 _____

10:00 _____

11:00 _____

12:00 _____

01:00 _____

02:00 _____

03:00 _____

04:00 _____

05:00 _____

06:00 _____

07:00 _____

08:00 _____

Rekordá Dios Su obranan na bo fabor, ta oumentá Fe i ta bari duda kita for di mesa.

20

Djaweps
Thursday

Salmo 18:1 "Mi ta stimaBo, O SEÑOR, mi fortalesa."

05:00

06:00

07:00

08:00

09:00

10:00

11:00

12:00

01:00

02:00

03:00

04:00

05:00

06:00

07:00

08:00

Pasobra masha lihé nos por lubidá e obra di Señor den nos bida, p'esei awe ta un bon dia pa konmemorá Dios Su Fieldat i miserikòrdia na bo.

21 *Djabièrnè*

Jeremias 20:11 Ma SEÑOR ta ku mi manera un guerero poderoso; pesei esnan ku ta pèrsiguími lo trompeká i nan lo no prevalesé. Nan lo keda masha brongosá, pasobra nan a faya. Nan bèrgwensa etèrno hamas lo wòrdu lubidá.

05:00

06:00

07:00

08:00

09:00

10:00

11:00

12:00

01:00

02:00

03:00

04:00

05:00 Felis Sabat

06:00

07:00

08:00

Mas Fe, ménos ansha i ménos miedu.

22

Djasabra
Saturday

05:00 ....
07:00 ....
09:00 ....
11:00 ....
01:00 ....
03:00 ....
05:00 ....
07:00 ....
08:00 ....

23

Djadumingu
Sunday

05:00 ....
07:00 ....
09:00 ....
11:00 ....
01:00 ....
03:00 ....
05:00 ....
07:00 ....
08:00 ....

24 Djaluna

Monday

Sofonias 3:17 SEÑOR bo Dios ta meimei di bo, un guerero viktorioso. E lo regosihá den bo ku alegria, E lo ta ketu den Su amor, E lo regosihá den bo ku gritu di alegria.

05:00
06:00
07:00
08:00
09:00
10:00
11:00
12:00
01:00
02:00
03:00
04:00
05:00
06:00
07:00
08:00

Gradisimentu ta habri portanan di bendishon.

Februari 2020

25

Djamars
Tuesday

Jeremias 31:3 For di leu aya SEÑOR a paresé na djé, bisando: "Mi a stimabo ku un amor etèrno; pesei ku miserikòrdia Mi a halabo."

05:00

06:00

07:00

08:00

09:00

10:00

11:00

12:00

01:00

02:00

03:00

04:00

05:00

06:00

07:00

08:00

Stapnan chikitu ku Dios ta pone bo alkansá metanan grandi.

26

Djárason

Habakuk 3:19 Señor DIOS ta mi fortalesa, i El a hasi mi pianan manera pianan di biná, i ta hasi mi kana riba mi lugánan haltu.

05:00

06:00

07:00

08:00

09:00

10:00

11:00

12:00

01:00

02:00

03:00

04:00

05:00

06:00

07:00

08:00

Ki marka bo ta laga atras?

27

Djaweps
Thursday

Salmo 103:8 SEÑOR ta yen di kompashon i grasia, Kende no ta rabia lihé, i ta abundá den miserikòrdia.

05:00 ....

06:00 ....

07:00 ....

08:00 ....

09:00 ....

10:00 ....

11:00 ....

12:00 ....

01:00 ....

02:00 ....

03:00 ....

04:00 ....

05:00 ....

06:00 ....

07:00 ....

08:00 ....

Ansha di bida ta laga hopi bendishon pasa bo forbei, kuminsá pone atenshon na kada detaye di e obra di Dios den bo bida.

28

Djabièrnè

Friday

Salmo 103:8 SEÑOR ta yen di kompashon i grasia, Kende no ta rabia lihé, i ta abundá den miserikòrdia.

05:00

06:00

07:00

08:00

09:00

10:00

11:00

12:00

01:00

02:00

03:00

04:00

05:00

06:00

07:00

08:00

Ansha di bida ta laga hopi bendishon pasa bo forbei, kuminsá pone atenshon na kada detaye di e obra di Dios den bo bida.

29

Djasabra
Saturday

Salmo 103:8 SEÑOR ta yen di kompashon i grasia, Kende no ta rabia lihé, i ta abundá den miserikòrdia.

05:00

06:00

07:00

08:00

09:00

10:00

11:00

12:00

01:00

02:00

03:00

04:00

05:00

06:00

07:00

08:00

Ansha di bida ta laga hopi bendishon pasa bo forbei, kuminsá pone atenshon na kada detaye di e obra di Dios den bo bida.

Kompras

Karni

☐
☐
☐
☐
☐
☐

Bèrdura

☐
☐
☐
☐
☐
☐

Limpiesa

☐
☐
☐
☐
☐
☐

Fruta

☐
☐
☐
☐
☐
☐

Pan/ Belèg/desayuno

☐
☐
☐
☐
☐
☐

Kuminda

☐
☐
☐
☐
☐
☐

Spèserei

☐
☐
☐
☐
☐
☐
☐

Kos di bebe

☐
☐
☐
☐
☐
☐
☐

Produkto di Kosmétika

☐
☐
☐
☐
☐
☐
☐

Pasa boka

☐
☐
☐
☐
☐
☐
☐

Regalo

☐
☐
☐
☐
☐
☐
☐

Algu Otro

☐
☐
☐
☐
☐
☐
☐

www.luisettekraal.com

1

Djadumingu
Sunday

Salmo 91:3 Pasobra E ta Esun ku ta librabo for di e trampa di e yagdó, i for di e pèst ku ta destruí.

05:00

06:00

07:00

08:00

09:00

10:00

11:00

12:00

01:00

02:00

03:00

04:00

05:00

06:00

07:00

08:00

Kuantu tempu lo bo permití duda stroba bo di disfrutá di e bendishonnan ku Fe ta duna bo?

Un Yudansa pa Matrimonio

1. Pidi Dios pa E ta bo konsehero.
Ku tur umildat i suavidat, ku pasenshi, soportando un i otro den amor, siendo diligente pa preservá e unidat di e Spiritu den e vínkulo di pas. Efesionan 4:2-3

2. Pone Amor promé:
Amor tin pasenshi, amor ta kariñoso i no ta yalurs; amor no ta gaba i no ta arogante. 1 Korintionan 13:4

3. Trein pa bo ta e mihó "cheerleader" ku bo por ta.
I laga nos konsiderá kon pa stimulá otro pa stima i hasi bon obra. Hebreonan 10:24

4. Pordoná bo kasá ora e hasi kos di hòmber.
I boso soportá otro i pordoná otro, Kolosensenan 3:13

5. Usa palabra pa bisa bo kasá ku bo ta apresi'é.
P'esei, enkurashá otro i edifiká otro meskos ku boso ta hasiendo tambe. 1 Tesalonisensenan 5:11

6. Respetá bo kasa. (Rèspèt pa un hòmber ta manera chukulati pa un hende muhé)
I e esposa pèrkurá pa e respetá su esposo. Efesionan 5:33

7. Papia Amabel.
Palabranan agradabel ta manera un panal di miel, dushi pa alma i kuramentu pa wesu. Proverbio 16:24

Luisette Kraal

www.luisettekraal.com

2

Djaluna

Monday

Salmo 91:4 E lo kubribo ku Su plumanan, i bou di Su halanan lo bo buska refugio; Su fieldat ta un eskudo i un baluarte.

05:00

06:00

07:00

08:00

09:00

10:00

11:00

12:00

01:00

02:00

03:00

04:00

05:00

06:00

07:00

08:00

Biba un bida ku ta kontagiá otronan pa kana ku Dios.

3

Djamars
Tuesday

Salmo 25:17 E angustianan di mi kurason ta oumentá; saka mi for di mi anshanan.

05:00

06:00

07:00

08:00

09:00

10:00

11:00

12:00

01:00

02:00

03:00

04:00

05:00

06:00

07:00

08:00

Dios Su soberania ta surpasá lógika humano.

4

Djárason
Wednesday

Salmo 26:2 Skudriñá mi, O SEÑOR, i ponemi na prueba; saminá mi mente i mi kurason.

05:00

06:00

07:00

08:00

09:00

10:00

11:00

12:00

01:00

02:00

03:00

04:00

05:00

06:00

07:00

08:00

Mi boka kontrolá pa Dios, por papia bendishonnan.

5

Salmo 18:28 Pasobra Bo ta sende mi lampi; SEÑOR mi Dios ta iluminá mi skuridat.

05:00

06:00

07:00

08:00

09:00

10:00

11:00

12:00

01:00

02:00

03:00

04:00

05:00

06:00

07:00

08:00

Modelá kon pa kana i agradá Dios.

6

Djabièrnè

Job 42:5 Ta tende mi a tende di Bo, ma awor mi wowo ta miraBo;

05:00

06:00

07:00

08:00

09:00

10:00

11:00

12:00

01:00

02:00

03:00

04:00

05:00 Felis Sabat

06:00

07:00

08:00

Ku enfoke riba Dios, mi problemanan ta bira chikitu ma Dios Su grasia muchu mas abundante.

7

Djasabra
Saturday

05:00
07:00
09:00
11:00
01:00
03:00
05:00
07:00
08:00

M
a
r
t

8

Djadumingu
Sunday

05:00
07:00
09:00
11:00
01:00
03:00
05:00
07:00
08:00

2
0
2
0

9

Djaluna
Monday

Salmo 18:3 Mi ta sklama na SEÑOR, Kende ta digno di ser alabá, i lo mi ta salbá for di mi enemigunan.

05:00

06:00

07:00

08:00

09:00

10:00

11:00

12:00

01:00

02:00

03:00

04:00

05:00

06:00

07:00

08:00

Buska Señor di henter bo kurason i lo bo hañé.

10

Djamars
Tuesday

Salmo 27:7 Tende mi bos, O SEÑOR, ora mi sklama; tene miserikòrdia di mi i kontestá mi.

05:00

06:00

07:00

08:00

09:00

10:00

11:00

12:00

01:00

02:00

03:00

04:00

05:00

06:00

07:00

08:00

Sklama ku un kurason trankil, Dios ta skucha bo.

11

Djárason
Wednesday

Salmo 30:8 Na Bo, O SEÑOR, mi a sklama, i na SEÑOR mi a hasi súplika:

05:00 _____

06:00 _____

07:00 _____

08:00 _____

09:00 _____

10:00 _____

11:00 _____

12:00 _____

01:00 _____

02:00 _____

03:00 _____

04:00 _____

05:00 _____

06:00 _____

07:00 _____

08:00 _____

Skohe pa papia ku Dios, E ta 24/7 online!

12

Djaweps
Thursday

Jeremias 33:3 'Sklama na Mi, i lo Mi kontestá bo, i lo Mi mustrabo kosnan grandi i poderoso ku bo no sa.'

05:00

06:00

07:00

08:00

09:00

10:00

11:00

12:00

01:00

02:00

03:00

04:00

05:00

06:00

07:00

08:00

Dios Su invitashon ta ekstendí, bo ta kla pa entregá?

13 Djabièrnè
Friday

Salmo 5:1 Skucha mi palabranan, O SEÑOR, considerá mi meditashon.

05:00

06:00

07:00

08:00

09:00

10:00

11:00

12:00

01:00

02:00

03:00

04:00

05:00 Felis Sabat

06:00

07:00

08:00

Dios Su oreanan ta atento pa skucha kualkier sklamashon.

14

Djasabra
Saturday

05:00

07:00

09:00

11:00

01:00

03:00

05:00

07:00

08:00

15

Djadumingu
Sunday

05:00

07:00

09:00

11:00

01:00

03:00

05:00

07:00

08:00

Mas kayente e kandela di prueba, mas grandi Dios Su grasia ta pa mi.

Priscilla Krolis

2020

Si bo ke un kasá felis. Purba algun di esakinan

- Un hòmber mester sa ku su kasá ta pará su tras i ta sosten'é.
- Si un hòmber hasi un fout no ta yuda si bo bis'é: "Mi a bisabo!"
- Un esposo por ta insegur asta si e no parse. Sostené semper.
- Usa palabra manera "Mi ta hasi orashon pa bo." "No wòri, Dios ta yuda nos." "Asta si e kos akí no bai bon nos ta sali afó." "Dios tei."
- Un esposo mester di un kasá ku ánimo i kla pa por tin intimidat.
- Un esposo gusta risibí rekonosimentu pa loke e ta hasi pa su famia. Usa palabra pa bis'é kiko bo gusta i kon bo ta apresiá ku e ta un bon esposo.

Luisette Kraal
www.luisettekraal.com

Orashon pa e Siman akí:

1 _____
2 _____
3 _____
4 _____
5 _____
6 _____
7 _____
8 _____
9 _____
10 _____
11 _____
12 _____
13 _____
14 _____
15 _____

Pasobra nos lucha no ta kontra karni i sanger, sino kontra e gobernantenan, kontra e podernan, kontra e forsanan mundial di e skuridat aki, kontra e forsanan spiritual di maldat den e lugánan selestial.
Efesionan 6:12

16

Djaluna
Monday

Salmo 5:2 Paga atenshon na e bos di mi klamor, mi Rei i mi Dios, pasobra ta na Bo mi ta hasi orashon.

05:00

06:00

07:00

08:00

09:00

10:00

11:00

12:00

01:00

02:00

03:00

04:00

05:00

06:00

07:00

08:00

Dios Su fieldat, ta surpasá fieldat humano.

17

Djamars
Tuesday

Salmo 5:3 Den mainta, O SEÑOR, lo Bo tende mi bos; den mainta mi ta dirigí mi orashon na Bo, i ta spera.

05:00

06:00

07:00

08:00

09:00

10:00

11:00

12:00

01:00

02:00

03:00

04:00

05:00

06:00

07:00

08:00

No tin nada mas mihó, pa kuminsá bo dia ku Señor den orashon i adorashon!

18 Djárason

Wednesday

Salmo 6:9 SEÑOR a tende mi súplika; SEÑOR ta risibí mi orashon.

05:00

06:00

07:00

08:00

09:00

10:00

11:00

12:00

01:00

02:00

03:00

04:00

05:00

06:00

07:00

08:00

E Palabra final, ta den Kristu Su man.

19

Djaweps
Thursday

Salmo 20:1 Ku SEÑOR kontestábo den e dia di angustia! Ku e nòmber di e Dios di Jakòb defendébo!

05:00

06:00

07:00

08:00

09:00

10:00

11:00

12:00

01:00

02:00

03:00

04:00

05:00

06:00

07:00

08:00

Siguridat, pas i konfiansa ta kompañá esun ku ta konfia den Dios!

20

Djabièrnè

Friday

Efesionan 3:20 Awor na Esun ku ta poderoso pa hasi tur kos muchu mas abundantemente di loke nos ta pidi òf pensa, segun e poder ku ta obra den nos.

05:00

06:00

07:00

08:00

09:00

10:00

11:00

12:00

01:00

02:00

03:00

04:00

05:00 Felis Sabat

06:00

07:00

08:00

Keda trankil, Dios konosé e panorama kompletu!

21

05:00 ....

07:00 ....

09:00 ....

11:00 ....

01:00 ....

03:00 ....

05:00 ....

07:00 ....

08:00 ....

M a r t

22

Djadumingu
Sunday

05:00 ....

07:00 ....

09:00 ....

11:00 ....

01:00 ....

03:00 ....

05:00 ....

07:00 ....

08:00 ....

2 0 2 0

Abba Tata

Den e tempu di Hesus na Herusalèm e pueblo di Dios tabatin asina un rèspèt grandi pa Dios, ku nan no tabata ni pronunsiá òf skibi e nòmber di Dios. Imaginá bo kon sorpresa e pueblo lo tabata ora nan a tende Hesus yama e Dios Haltísimo, Tata. Hesus a mustra nos un ehèmpel di umildat I dependensia riba Dios. Algun asta lo a referí na esaki komo blasfemia. Abba Tata ta un palabra mundano. Komun. Un i tur ta us'é. Kua kurashi Hesus por tabata tin di yama Dios, Abba? Pero asina ei Hesus a mustra ku e mes tambe ta e "Yu di e Tata."
E orashon di mas konosí ku Hesus a hasi ta: Nos Tata.
Hesus a habri porta pa nos tambe por yama nos Dios, Abba Tata.

Luisette Kraal

www.luisettekraal.com

23

Djaluna
Monday

Salmo 143:1 Tende mi orashon, O SEÑOR, skucha mi súplikanan!
Kontestámi den Bo fieldat, den Bo hustisia!

05:00

06:00

07:00

08:00

09:00

10:00

11:00

12:00

01:00

02:00

03:00

04:00

05:00

06:00

07:00

08:00

Dios Su amor ta e úniko garantia ku nos tin ku ta dura pa semper.

24

Djamars
Tuesday

Salmo 31:24 Sea fuerte i fortalesé boso kurason, boso tur ku ta spera den SEÑOR.

05:00

06:00

07:00

08:00

09:00

10:00

11:00

12:00

01:00

02:00

03:00

04:00

05:00

06:00

07:00

08:00

Mi pikánan Dios no ta kòrda mas, sinembargo E ta keda rekordá mi, Su grasia konstantemente.

25

Djárason
Wednesday

Juan 3:17 Pasobra Dios no a manda e Yu den mundu pa kondená mundu, ma pa mundu wòrdu salbá dor di djE.

05:00

06:00

07:00

08:00

09:00

10:00

11:00

12:00

01:00

02:00

03:00

04:00

05:00

06:00

07:00

08:00

Dios Su miserikòrdia demostrá na nos, ta muchu mas ku e poko kompashon ku nos ta demostrá na otronan.

26

Djaweps
Thursday

Juan 3:18 Esun ku kere den djE no ta kondená; esun ku no ta kere ta kondená kaba, pasobra e no a kere den e nòmber di e Yu unigénito di Dios.

05:00

06:00

07:00

08:00

09:00

10:00

11:00

12:00

01:00

02:00

03:00

04:00

05:00

06:00

07:00

08:00

Esklabo di Kristu, liber pa semper.

27

Djabièrnè

Friday

Juan 8:32 i boso lo konosé e bèrdat, i e bèrdat lo hasi boso liber."

05:00	
06:00	
07:00	
08:00	
09:00	
10:00	
11:00	
12:00	
01:00	
02:00	
03:00	
04:00	
05:00 Felis Sabat	
06:00	
07:00	
08:00	

Pakiko laga bo karganan trese ansiedat, aserká Kristu i E lo duna bo libertat.

28

Djasabra
Saturday

05:00 _____

07:00 _____

09:00 _____

11:00 _____

01:00 _____

03:00 _____

05:00 _____

07:00 _____

08:00 _____

29

Djadumingu
Sunday

05:00 _____

07:00 _____

09:00 _____

11:00 _____

01:00 _____

03:00 _____

05:00 _____

07:00 _____

08:00 _____

30

Djaluna
Monday

Juan 8:36 P'esei si e Yu hasi boso liber, di bèrdat boso lo ta liber.

05:00

06:00

07:00

08:00

09:00

10:00

11:00

12:00

01:00

02:00

03:00

04:00

05:00

06:00

07:00

08:00

Si, Libertat berdadero ta hañá solamente den Kristu Hesus.

31

Djamars
Tuesday

Juan 10:10 E ladron ta bin solamente pa hòrta, pa mata i pa destruí; Ami a bin pa nan tin bida i pa nan tin é na abundansia.

05:00

06:00

07:00

08:00

09:00

10:00

11:00

12:00

01:00

02:00

03:00

04:00

05:00

06:00

07:00

08:00

No laga nada hòrta bo pas, pasobra e bida ku Hesus a duna bo ta presioso.

Faith

When is faith born?
When panic and despair close in.
When we hear the truth and decide.
That's when we raise our eyes up to heaven
When we bow our hearts.
When with trembling lips we say:
Your will be done father.
Faith is born.

Luisette Kraal
www.luisettekraal.com

1

Djárason
Wednesday

Isaias 40:30 Hóbennan mes ta bira kansá i fatigá, i hóbennan ku vigor ta trompeká pisá,

05:00

06:00

07:00

08:00

09:00

10:00

11:00

12:00

01:00

02:00

03:00

04:00

05:00

06:00

07:00

08:00

Amor no ta nada si no tin akshon.

2

Djaweps
Thursday

Isaias 40:29 E ta duna forsa na esun kansá, i E ta oumentá poder pa esun ku ta falta poder.

05:00

06:00

07:00

08:00

09:00

10:00

11:00

12:00

01:00

02:00

03:00

04:00

05:00

06:00

07:00

08:00

Yama Dios danki tur mainta ku bo lanta. Yam'é danki pa bo salú, bo famia i bo kas. Tiki hende den e mundu akí tin e bendishonnan akí.

3

Djabièrnè

Friday

Salmo 27:14 Spera riba SEÑOR; sea fuerte i E lo fortalesé bo kurason, sí, spera riba SEÑOR.

05:00

06:00

07:00

08:00

09:00

10:00

11:00

12:00

01:00

02:00

03:00

04:00

05:00 Felis Sabat

06:00

07:00

08:00

Pakiko laga bo karganan trese ansiedat, aserká Kristu i E lo duna bo libertat.

4

Djasabra
Saturday

05:00

07:00

09:00

11:00

01:00

03:00

05:00

07:00

08:00

5

Djadumingu
Sunday

05:00

07:00

09:00

11:00

01:00

03:00

05:00

07:00

08:00

Tur mainta ora
mi lanta mi ta keda
maraviyá ku mi por
kuminsá
ku un página
limpi pasobra
Dios su
miserikordia
ta nobo kada dia.
Ruth Barrientos

Hesus ta intersedé pa nos

Rom 8: 34 "Ta ken ta esun ku ta kondená? Cristo Jesus ta Esun ku a muri, sí, Kende a wòrdu lantá for di e mortonan, Kende ta na man drechi di Dios, Kende tambe ta intersedé pa nos."

Parti di Hesus su sirbishi na nos ta hasi orashon pa nos. Intersedé serka e Tata pa nos aki na tera. Orashon ta parti di su trabou. E ta e sumosaserdote ku ta intersedé pa nos. E ta sintá na man drechi di e Tata I ta intersedé pa nos. Meditá riba e versíkulo akí. Bo alma lo eksperensiá alegria! E ta yena bo ku speransa pa futuro. Ki glorioso dia e lo ta, ora nos ta reuni ku Kristu Hesus. E dia ku tur nashon, tur rasa, tur lenga, tur koló i tur denominashon lo ta uní den presensia di Dios pa duna alabansa n'E.

Luisette Kraal

www.luisettekraal.com

Orashon pa e Siman akí:

1. _____
2. _____
3. _____
4. _____
5. _____
6. _____
7. _____
8. _____
9. _____
10. _____
11. _____
12. _____
13. _____
14. _____
15. _____

Pasobra nos lucha no ta kontra karni i sanger, sino kontra e gobernantenan, kontra e podernan, kontra e forsanan mundial di e skuridat aki, kontra e forsanan spiritual di maldat den e lugánan selestial.

Efesionan 6:12

6

Djaluna
Monday

2 Korintionan 10:3 Pasobra maske nos ta kana den karni, nos no ta batayá segun karni,

05:00

06:00

07:00

08:00

09:00

10:00

11:00

12:00

01:00

02:00

03:00

04:00

05:00

06:00

07:00

08:00

Nos por krusa kada krusada den bida, solamente ku nos wowonan fihá ariba

7

Djamars
Tuesday

2 Korintionan 10:4 pasobra e armanan ku nos ta batayá kuné no ta karnal, ma poderoso den Dios pa basha e fòrtinan abou,

05:00

06:00

07:00

08:00

09:00

10:00

11:00

12:00

01:00

02:00

03:00

04:00

05:00

06:00

07:00

08:00

Bo tabata sa ku rabia i pleita ta armanan karnal i ku orashon i ayuno ta e armanan spiritual? En bes di rabia o pleita, hasi orashon pa Dios interviní.

8

Djárason
Wednesday

2 Korintionan 10:5 i pa destruí spekulashonnan i tur arogansia ku ta wòrdu lantá kontra e konosementu di Dios, hibando den koutiverio tur pensamentu, pa hasi nan obedesido na Cristo,

05:00

06:00

07:00

08:00

09:00

10:00

11:00

12:00

01:00

02:00

03:00

04:00

05:00

06:00

07:00

08:00

Señor stima bo. El a stima bo asina tantu ku el a duna loke ta mas importante p'E, pa abo. Ta kuantu prueba mas bo tin mester?

9

Djaweps
Thursday

Efesionan 6:10 Finalmente, sea fuerte den Señor, i den e forsa di Su poder.

05:00

06:00

07:00

08:00

09:00

10:00

11:00

12:00

01:00

02:00

03:00

04:00

05:00

06:00

07:00

08:00

Hesus ta mi Anker, Kende ta poné mi para fuerte i keda sin move, meimei di olanan di prueba.

10

Djabièrnè

Friday

Efesionan 6:11 Bisti e armadura kompleto di Dios, pa boso por para firme kontra e trampanan di diabel.

05:00

06:00

07:00

08:00

09:00

10:00

11:00

12:00

01:00

02:00

03:00

04:00

05:00 Felis Sabat

06:00

07:00

08:00

Bida ta un lucha, pero Dios a proveé e armadura pa para firme.

11

Djasabra
Saturday

05:00

07:00

09:00

11:00

01:00

03:00

05:00

07:00

08:00

12

Djadumingu
Sunday

05:00

07:00

09:00

11:00

01:00

03:00

05:00

07:00

08:00

13

Djaluna
Monday

Efesionan 6:13 Pesei, tuma e armadura kompleto di Dios, pa boso por resistí den e dia malu, i despues di a hasi tur kos, para firme.

05:00

06:00

07:00

08:00

09:00

10:00

11:00

12:00

01:00

02:00

03:00

04:00

05:00

06:00

07:00

08:00

Bo logronan di mañan ta ser determiná dor di e pasonan ku bo tuma awe. No ta importá kon chikí òf insignifikante nan ta. Den ki direkshon bo ta kanando?

14 *Djamars*

Efesionan 6:14 Para firme anto, ku boso hep fahá ku bèrdat, i ku e korasa di hustisia bistí,

05:00
06:00
07:00
08:00
09:00
10:00
11:00
12:00
01:00
02:00
03:00
04:00
05:00
06:00
07:00
08:00

Aprel

2020

Ora mi kùp ta bashí, Dios So sa kon i ku kiko pa yen'é.

15

Djárason

Wednesday

Efesionan 6:15 i ku boso pianan bistí ku e preparashon di e evangelio di pas;

05:00

06:00

07:00

08:00

09:00

10:00

11:00

12:00

01:00

02:00

03:00

04:00

05:00

06:00

07:00

08:00

Dios a skohe bo pa ta Su representante aki na mundu. Laga ora nan wak bo, nan mira Kristu. Ta kon otronan lo por konos'É?

16

Djaweps
Thursday

Efesionan 6:16 i riba tur kos, tumando e eskudo di fe, ku kual boso lo por paga tur e flechanan sendí di e malbado.

05:00

06:00

07:00

08:00

09:00

10:00

11:00

12:00

01:00

02:00

03:00

04:00

05:00

06:00

07:00

08:00

E frutanan di Spiritu Santu ta muestra di mi fe den akshon.

17

Djabièrnè

Efesionan 6:17 I tuma e hèlm di salbashon, i e spada di e Spiritu, kual ta e Palabra di Dios.

05:00

06:00

07:00

08:00

09:00

10:00

11:00

12:00

01:00

02:00

03:00

04:00

05:00 Felis Sabat

06:00

07:00

08:00

A
P
r
e
l

2
0
2
0

E Palabra di Dios ta Bibu i aktivo, kla pa transformá bo bida i poderoso pa vense pensamentunan atverso.

18

Djasabra
Saturday

05:00

07:00

09:00

11:00

01:00

03:00

05:00

07:00

08:00

A
p
r
e
l

19

Djadumingu
Sunday

05:00

07:00

09:00

11:00

01:00

03:00

05:00

07:00

08:00

2
0
2
0

Orashon pa mi Yunan

Señor mi ta pidi Bo un bendishon riba mi yunan. Laga nan pia kana riba e kaminda stret i smal. Laga tur loke nan man-nan mishi kuné floresé. Laga nan wowo wak Bo grandesa rondó di nan i nan alma regosihá. Laga nan orea ta surdu pa e bochincha di mundu pero atento pa Bo bos suave. Laga nan palabranan ta plasentero den Bo orea. Laga nan orashonnan yena Bo skalchi di oro te basha over. Hasi nan kurason moli i suave pa resibí Bo salbashon. Hasi nan alma hambriente pa e Palabra Bibu.

Laga nan ta amabel den spíritu, rechasá egoismo, orguyo i falsedat. Laga nan skohe pa un bida di sirbidó.
Bendishoná mi yunan ku bida largu i bida eterno, mi Dios.
Basá riba Isaias 45:8; 2 Timoteo 2:10, 2 Pedro 3:18,
Mateo 6:22, Mateo 11:15. Galationan 5:25; Efesionan 5:2,
Revelashon 5:8.

20

Djaluna
Monday

Efesionan 6:18 Ku tur orashon i súplika pidi tur ora bai den Spiritu, i ku esaki na bista, sea alerta ku tur pèrseveransia i súplika pa tur e santunan.

05:00

06:00

07:00

08:00

09:00

10:00

11:00

12:00

01:00

02:00

03:00

04:00

05:00

06:00

07:00

08:00

Aprel

2020

Hasi orashon ora bo ta pensativo, hasi orashon ora bo ta preokupá.

21

Djamars
Tuesday

Efesionan 4:32 I sea kariñoso ku otro, miserikòrdioso, pordonando otro, meskos ku Dios den Cristo tambe a pordoná boso.

05:00

06:00

07:00

08:00

09:00

10:00

11:00

12:00

01:00

02:00

03:00

04:00

05:00

06:00

07:00

08:00

Pordon ta bin ora bo habri e porta di prizòn i laga bo rehen sali liber.

22

Djárason

Salmo 20:7 Tin ku ta konfia den garoshi, otro den kabai, ma nos ta konfia den e nòmber di SEÑOR, nos Dios.

05:00

06:00

07:00

08:00

09:00

10:00

11:00

12:00

01:00

02:00

03:00

04:00

05:00

06:00

07:00

08:00

A
p
r
e
l

2
0
2
0

E speransa ku nos tin den nos Señor Hesus no ta desapuntá. Sigui kere i sigui spera riba djE. E lo sali na bo fabor.

23

Djaweps
Thursday

Salmo 27:3 Maske un ehérsito kampa kontra mi, mi kurason lo no tin temor; maske guera lanta kontra mi, tòg lo mi tin konfiansa.

05:00

06:00

07:00

08:00

09:00

10:00

11:00

12:00

01:00

02:00

03:00

04:00

05:00

06:00

07:00

08:00

Hesus ta e Pan di bida, ku nunka ta daña i ku ta keda satisfasé mi hamber bes tras bes.

24

Djabièrnè

Friday

Salmo 28:7 SEÑOR ta mi fortalesa i mi eskudo; mi kurason ta konfia den djE, i mi ta wòrdu yudá; p'esei mi kurason ta regosihá, i ku mi kantika lo mi alab'E.

05:00

06:00

07:00

08:00

09:00

10:00

11:00

12:00

01:00

02:00

03:00

04:00

05:00 Felis Sabat

06:00

07:00

08:00

Ta te ora tur kos ta fo'i kontrol, bo ta sa realmente si bo ta kere ku Dios tin tur kos den kontrol.

25

Djasabra
Saturday

05:00 ....

07:00 ....

09:00 ....

11:00 ....

01:00 ....

03:00 ....

05:00 ....

07:00 ....

08:00 ....

26

Djadumingu
Sunday

05:00 ....

07:00 ....

09:00 ....

11:00 ....

01:00 ....

03:00 ....

05:00 ....

07:00 ....

08:00 ....

E Dios ku a lanta Hesus fo'i morto, tin poder pa rebibá mi i kambia mi desierto den awa bibu.

Priscilla Krolis

Palabra Kuidadoso

E hende ku no ta faya den loke e ta bisa ta un hende madurá.
Kuida bo boka. Kuida bo palabranan. Santiago 3:1-7

No laga hopi di boso bira siñadó, mi rumannan, sabiendo ku komo tal nos lo wòrdu huzgá ku mas severidat.

Pasobra nos tur ta trompeká na hopi manera. Si un hende no ta trompeká den loke e ta bisa, e ta un hende perfekto, kapas pa frena henter e kurpa tambe.

Awor si nos pone frena den boka di e kabainan pa nan obedesé nos, nos ta dirigí henter nan kurpa tambe.

Mira, e barkunan tambe, ounke nan ta asina grandi i ta wòrdu hibá pa bientunan fuerte, tòg ta wòrdu dirigí pa medio di un timon masha chikitu, na unda ku e stürman ta hiba gustu.

Asina tambe e lenga ta un parti chikitu di e kurpa i tòg e ta gaba di kosnan grandi. Mira kon un mondi asina grandi ta wòrdu pegá na kandela dor di un chispa asina chikitu!

I e lenga ta un kandela, henter un mundu di inikidat; e lenga ta poní entre nos miembronan komo loke ta kontaminá henter e kurpa, i ta pega e kurso di nos bida na kandela, i ta wòrdu sendí na kandela dor di fièrnu.

27

Djaluna
Monday

Salmo 91:2 Lo mi bisa SEÑOR: "Mi refugio i mi fòrti, mi Dios, den Kende mi ta konfia!"

05:00

06:00

07:00

08:00

09:00

10:00

11:00

12:00

01:00

02:00

03:00

04:00

05:00

06:00

07:00

08:00

Mas nos humiá nos mes, mas Dios Su gloria ta manifestá dor di nos.

28

Djamars
Tuesday

Salmo 37:3 Konfia den SEÑOR i hasi loke ta bon; biba den e tera i alimentá bo mes ku Su fieldat.

05:00

06:00

07:00

08:00

09:00

10:00

11:00

12:00

01:00

02:00

03:00

04:00

05:00

06:00

07:00

08:00

Un poko trabou guiá pa Dios, por duna mas resultado, ku hopi trabou sin e aprobashon di Dios.

29

Djárason
Wednesday

Salmo 37:5 Enkomendá bo kaminda na SEÑOR, konfia tambe den djE, i E lo hasié.

05:00

06:00

07:00

08:00

09:00

10:00

11:00

12:00

01:00

02:00

03:00

04:00

05:00

06:00

07:00

08:00

No laga e enemigu kita bo goso for di bo. E goso di Señor ta bo fortalesa.

30

Djaweps
Thursday

Proverbionan 3:5 Konfia den SEÑOR ku henter bo kurason, i no dependé riba bo mes komprendementu.

05:00

06:00

07:00

08:00

09:00

10:00

11:00

12:00

01:00

02:00

03:00

04:00

05:00

06:00

07:00

08:00

Aprel

2020

Un muhé di Dios no ta su so nunka. Semper e ta den kompania di Dios.

1

Djabièrnè

Friday

Proverbionan 3:6 Den tur bo kamindanan rekonos'E, i E lo dirigí bo berehanan.

05:00	
06:00	
07:00	
08:00	
09:00	
10:00	
11:00	
12:00	
01:00	
02:00	
03:00	
04:00	
05:00	Felis Sabat
06:00	
07:00	
08:00	

Deseo siguí pa orashon, determinashon i esfuerso lo duna resultado.

2

Djasabra
Saturday

05:00

07:00

09:00

11:00

01:00

03:00

05:00

07:00

08:00

M
e
i

3

Djadumingu
Sunday

05:00

07:00

09:00

11:00

01:00

03:00

05:00

07:00

08:00

2
0
2
0

4

Djaluna
Monday

Efesionan 6:18 Ku tur orashon i súplika pidi tur ora bai den Spiritu, i ku esaki na bista, sea alerta ku tur pèrseveransia i súplika pa tur e santunan.

05:00

06:00

07:00

08:00

09:00

10:00

11:00

12:00

01:00

02:00

03:00

04:00

05:00

06:00

07:00

08:00

Hopi biaha Dios ta manda loke nos mester den un pakete ku nos no ta gusta.

5

Djamars
Tuesday

Efesionan 4:32 I sea kariñoso ku otro, miserikòrdioso, pordonando otro, meskos ku Dios den Cristo tambe a pordoná boso.

05:00

06:00

07:00

08:00

09:00

10:00

11:00

12:00

01:00

02:00

03:00

04:00

05:00

06:00

07:00

08:00

Pordon ta bin ora bo habri e porta di prizòn i laga bo rehen sali liber.

6

Djárason

Salmo 20:7 Tin ku ta konfia den garoshi, otro den kabai, ma nos ta konfia den e nòmber di SEÑOR, nos Dios.

05:00

06:00

07:00

08:00

09:00

10:00

11:00

12:00

01:00

02:00

03:00

04:00

05:00

06:00

07:00

08:00

Ora bo pasado yama bo, NO KONTESTÁ! E no tin nada nobo di bisa bo.

7

Djaweps
Thursday

Salmo 27:3 Maske un ehérsito kampa kontra mi, mi kurason lo no tin temor; maske guera lanta kontra mi, tòg lo mi tin konfiansa.

05:00
06:00
07:00
08:00
09:00
10:00
11:00
12:00
01:00
02:00
03:00
04:00
05:00
06:00
07:00
08:00

Hesus ta e Pan di bida, ku nunka ta daña i ku ta keda satisfasé mi hamber bes tras bes.

8

Djabièrnè

Salmo 28:7 SEÑOR ta mi fortalesa i mi eskudo; mi kurason ta kon-
fia den djE, i mi ta wòrdu yudá; pesei mi kurason ta regosihá, i ku
mi kantika lo mi alab'E.

05:00

06:00

07:00

08:00

09:00

10:00

11:00

12:00

01:00

02:00

03:00

04:00

05:00 Felis Sabat

06:00

07:00

08:00

Dios ta partner ku muchanan, hóbennan, adultonan i esnan di edat
avansá pa trese su reino. Tur ku ta dispuesto. Riba ken òf kiko bo ta
warda?

9

Djasabra
Saturday

05:00

07:00

09:00

11:00

01:00

03:00

05:00

07:00

08:00

M
e
i

10

Djadumingu
Sunday

05:00

07:00

09:00

11:00

01:00

03:00

05:00

07:00

08:00

2
0
2
0

Beibel ta e
a niko buki ku ta
aplikabel na kada
bida i na tur
situashon anto ku
resultado
permanente

Priscilla Krolis

11

Djaluna
Monday

Romanonan 5:5 i speransa no ta desapuntá, pasobra e amor di Dios a wòrdu dramá den nos kurason dor di Spiritu Santu, Kende a wòrdu duná na nos.

05:00

06:00

07:00

08:00

09:00

10:00

11:00

12:00

01:00

02:00

03:00

04:00

05:00

06:00

07:00

08:00

Mas nos humiá nos mes, mas Dios Su gloria ta manifestá dor di nos.

12

Djamars
Tuesday

Salmo 37:3 Konfia den SEÑOR i hasi loke ta bon; biba den e tera i alimentá bo mes ku Su fieldat.

05:00

06:00

07:00

08:00

09:00

10:00

11:00

12:00

01:00

02:00

03:00

04:00

05:00

06:00

07:00

08:00

Niun hende no por bai bèk i kuminsá di nobo, pero tur hende por start AWOR AKI di nobo.

13

Djárason
Wednesday

Salmo 37:5 Enkomendá bo kaminda na SEÑOR, konfia tambe den djE, i E lo hasié.

05:00

06:00

07:00

08:00

09:00

10:00

11:00

12:00

01:00

02:00

03:00

04:00

05:00

06:00

07:00

08:00

Laga nos kita maskarada numa, e kuenta di hunga un kos ku nos no ta, ta perdementu di tempu.

14

Djaweps
Thursday

Proverbionan 3:5 Konfia den SEÑOR ku henter bo kurason, i no dependé riba bo mes komprendementu.

05:00

06:00

07:00

08:00

09:00

10:00

11:00

12:00

01:00

02:00

03:00

04:00

05:00

06:00

07:00

08:00

Mas bo hasi orashon, mas bo ta mira Dios Su Man. Mas bo mira Su man, mas bo ta sosegá den dje. Hasi orashon!

15

Djabièrnè

Friday

Proverbionan 3:6 Den tur bo kamindanan rekonos'E, i E lo dirigí bo berehanan.

05:00

06:00

07:00

08:00

09:00

10:00

11:00

12:00

01:00

02:00

03:00

04:00

05:00 Felis Sabat

06:00

07:00

08:00

Deseo siguí pa orashon, determinashon i esfuerso lo duna resultado.

16

Djasabra
Saturday

05:00

07:00

09:00

11:00

01:00

03:00

05:00

07:00

08:00

M
e
i

17

Djadumingu
Sunday

05:00

07:00

09:00

11:00

01:00

03:00

05:00

07:00

08:00

2
0
2
0

Orashon pa e Siman akí:

1. _____
2. _____
3. _____
4. _____
5. _____
6. _____
7. _____
8. _____
9. _____
10. _____
11. _____
12. _____
13. _____
14. _____
15. _____

Pasobra nos lucha no ta kontra karni i sanger, sino kontra e gobernantenan, kontra e podernan, kontra e forsanan mundial di e skuridat aki, kontra e forsanan spiritual di maldat den e lugánan selestial.

Efesionan 6:12

18 Djaluna

Monday

Salmo 28:7 SEÑOR ta mi fortalesa i mi eskudo; mi kurason ta konfia den djE, i mi ta wòrdu yudá; pesei mi kurason ta regosihá, i ku mi kantika lo mi alab'E.

05:00

06:00

07:00

08:00

09:00

10:00

11:00

12:00

01:00

02:00

03:00

04:00

05:00

06:00

07:00

08:00

Un hende por enfoká pa buska Dios Su boluntat dje tantu ei, ku e ta lubidá pa buska Dios mes.

19

Djamars
Tuesday

Salmo 25:15 Mi wowonan ta kontinuamente riba SEÑOR, pasobra E lo saka mi pianan for di reda.

05:00

06:00

07:00

08:00

09:00

10:00

11:00

12:00

01:00

02:00

03:00

04:00

05:00

06:00

07:00

08:00

E lugá di mas haltu ta na pia di Hesus.

20

Djárason
Wednesday

Salmo 123:2 Mira, manera wowo di sirbidónan ta riba man di nan shon, manera wowo di sirbiente ta riba man di e señora, asina nos wowo ta riba SEÑOR nos Dios, te ora ku E tene miserikòrdia di nos.

05:00
06:00
07:00
08:00
09:00
10:00
11:00
12:00
01:00
02:00
03:00
04:00
05:00
06:00
07:00
08:00

Para ketu i meditá den Dios Su palabra i E lo mustra bo kosnan grandi ku nos mente humano ku tur su sabiduria no por komprondé.

21

Djaweps
Thursday

Romanonan 5:4 i pèrseveransia, karakter; i karakter, speransa;

05:00

06:00

07:00

08:00

09:00

10:00

11:00

12:00

01:00

02:00

03:00

04:00

05:00

06:00

07:00

08:00

Bista riba sirkunstansia ta pone nos senk, ma bista riba Señor ta
lanta ánimo.

22 Djabièrnè

Salmo 33:18 Ata, e wowo di SEÑOR ta riba esnan ku ta tem'E, riba esnan ku ta spera riba Su miserikòrdia,

05:00

06:00

07:00

08:00

09:00

10:00

11:00

12:00

01:00

02:00

03:00

04:00

05:00   Felis Sabat

06:00

07:00

08:00

Dios ta den shelu i E ta hasi loke E ke.

23

Djasabra
Saturday

05:00 ....

07:00 ....

09:00 ....

11:00 ....

01:00 ....

03:00 ....

05:00 ....

07:00 ....

08:00 ....

24

Djadumingu
Sunday

05:00 ....

07:00 ....

09:00 ....

11:00 ....

01:00 ....

03:00 ....

05:00 ....

07:00 ....

08:00 ....

Amor

Hesus a bisa su enemigunan ku E ta stima nan riba e ano-chi ku e tabata sa ku nan lo bai traision'é òf bandon'é. Mi ta meditá riba e tipo di amor akí, anto mi tin difikultat pa komprondé, pero mi ta gosa di dje si. Ku un persona mane-ra Hesus ta stima mi inkondishonalmente, semper, tur ora, apesar di tur kos. Ta Dios so por.

Luisette Kraal

www.luisettekraal.com

25

Djaluna
Monday

Hebreonan 12:2 fihando nos wowo riba Hesus, e outor i kumplidó di fe, Kende, pa motibu di e goso poní Su dilanti, a soportá e sufrimentu di krus, sin hasi kaso di bèrgwensa, i a sinta na man drechi di e trono di Dios.

05:00

06:00

07:00

08:00

09:00

10:00

11:00

12:00

01:00

02:00

03:00

04:00

05:00

06:00

07:00

08:00

Dia nos permití loke ta den nos mente baha yega den nos kurason, i laga Spiritu Santu transformá nos, e ora ei nos por pensa, aktua i papia manera Kristu Hesus

26

Djamars
Tuesday

Salmo 46:7 E SEÑOR di ehérsitonan ta ku nos; e Dios di Jakòb ta nos refugio.

05:00

06:00

07:00

08:00

09:00

10:00

11:00

12:00

01:00

02:00

03:00

04:00

05:00

06:00

07:00

08:00

E kos di mas importante ku Dios a siña mi ta "sosegá den djE".

27

Djárason

Wednesday

Salmo 32:7 Bo ta mi lugá di skonde; Bo ta wardami di angustia; Bo ta rondonámi ku kantika di liberashon.

05:00
06:00
07:00
08:00
09:00
10:00
11:00
12:00
01:00
02:00
03:00
04:00
05:00
06:00
07:00
08:00

Kuida e tesoronan ku Dios a duna bo. No laga e enemigu kana drenta i hòrta nan.

28

Djaweps
Thursday

Proverbionan 18:10 E nòmber di SEÑOR ta un toren fuerte; e hustu ta kore drenta den djé i ta sigur.

05:00

06:00

07:00

08:00

09:00

10:00

11:00

12:00

01:00

02:00

03:00

04:00

05:00

06:00

07:00

08:00

Dios tei TUR kaminda. Asta den kosnan di tur dia.

29 Djabièrnè

Salmo 91:1 Esun ku ta biba bou di e protekshon di e Haltísimo lo permanesé den e sombra di e Todopoderoso.

05:00

06:00

07:00

08:00

09:00

10:00

11:00

12:00

01:00

02:00

03:00

04:00

05:00 Felis Sabat

06:00

07:00

08:00

Tuma desishon awe pa biba bou di e protekshon di e Dios Haltísimo.

30

Djasabra
Saturday

05:00

07:00

09:00

11:00

01:00

03:00

05:00

07:00

08:00

M

e

i

31

Djadumingu
Sunday

05:00

07:00

09:00

11:00

01:00

03:00

05:00

07:00

08:00

2

0

2

0

1

Djaluna

Nahum 1:7 SEÑOR ta bon, un lugá fortifiká den e dia di angustia, i E konosé esnan ku ta tuma refugio den djE.

05:00

06:00

07:00

08:00

09:00

10:00

11:00

12:00

01:00

02:00

03:00

04:00

05:00

06:00

07:00

08:00

Kiko ta bo angustia awe? Yama riba e nòmber di Señor, den djE bo ta sigurá.

2

Djamars
Tuesday

2 Korintionan 12:9 I El a bisami: "Mi grasia ta basta pa bo, pasobra Mi poder ta wòrdu hasí perfekto den debilidat." Pesei, gustosamente lo mi preferá di gaba den mi debilidatnan, pa e poder di Kristu por biba den mi.

05:00

06:00

07:00

08:00

09:00

10:00

11:00

12:00

01:00

02:00

03:00

04:00

05:00

06:00

07:00

08:00

Ora mi ta débil, mi ta fuerte den Señor!

3

Djárason
Wednesday

Isaias 43:2 Ora bo ta pasa dor di e awanan lo Mi ta ku bo, i dor di e riunan, nan lo no lastrabo bai ku bo. Ora bo ta kana dor di kandela, esaki lo no flamabo, ni e flam lo no kimabo.

05:00 ....

06:00 ....

07:00 ....

08:00 ....

09:00 ....

10:00 ....

11:00 ....

12:00 ....

01:00 ....

02:00 ....

03:00 ....

04:00 ....

05:00 ....

06:00 ....

07:00 ....

08:00 ....

Dios a regalá nos eternidat. Esei kier men hasta si nos muri aki, nos lo biba pa semper.

4

Djaweps
Thursday

Isaias 43:4 Pasobra bo ta presioso den Mi bista, pasobra bo ta onrá, i Mi ta stimabo, lo Mi duna otro hende den bo lugá, i otro pueblonan en kambio di bo bida.

05:00

06:00

07:00

08:00

09:00

10:00

11:00

12:00

01:00

02:00

03:00

04:00

05:00

06:00

07:00

08:00

Ora bo sa ken bo ta den Kristu, lo bo kana ku konfiansa!

5

Djabièrnè
Friday

Isaias 43:5 No tene miedu, pasobra Mi ta ku bo; lo Mi trese bo yunan for di pariba, i rekohébo for di pabou.

05:00 _____

06:00 _____

07:00 _____

08:00 _____

09:00 _____

10:00 _____

11:00 _____

12:00 _____

01:00 _____

02:00 _____

03:00 _____

04:00 _____

05:00 Felis Sabat

06:00 _____

07:00 _____

08:00 _____

Si bo hasi Dios leu aya den shelu, ta bira difísil pa bo stim'E.

6

Djasabra
Saturday

05:00 ....
07:00 ....
09:00 ....
11:00 ....
01:00 ....
03:00 ....
05:00 ....
07:00 ....
08:00 ....

Y
ü
n
i

7

Djadumingu
Sunday

05:00 ....
07:00 ....
09:00 ....
11:00 ....
01:00 ....
03:00 ....
05:00 ....
07:00 ....
08:00 ....

Mira tur problema i situashonnan di bida ku un brel Bibliko.

Ta Beibel so por guia nos, pa nos sa kiko ta bon i kiko ta malu.

Bisti bo brel.

www.luisettekraal.com

2
0
2
0

8

Djaluna
Monday

1 Juan 3:1 Mira ki un amor grandi e Tata a duna nos, ku nos por
wòrdu yamá yunan di Dios; i esei nos ta.

05:00

06:00

07:00

08:00

09:00

10:00

11:00

12:00

01:00

02:00

03:00

04:00

05:00

06:00

07:00

08:00

Dios Su plan pa bo ta simpel. E ke salba bo, hasi bo un yu di Dios i
duna bo bida eterno. Esei ta Stimashon Real.

9

Djamars
Tuesday

Salmo 121:1 Lo mi halsa mi wowonan na e serunan; for di unda mi yudansa lo bin?

05:00

06:00

07:00

08:00

09:00

10:00

11:00

12:00

01:00

02:00

03:00

04:00

05:00

06:00

07:00

08:00

E kreashon maravioso ta konta di e gloria di Dios.

10

Djárason

Salmo 121:2 Mi yudansa ta bin for di SEÑOR, Kende a traha shelu i tera.

05:00

06:00

07:00

08:00

09:00

10:00

11:00

12:00

01:00

02:00

03:00

04:00

05:00

06:00

07:00

08:00

Beibel ta e manual di instrukshon pa nos bida. Ta p'esei les'e!

11

Djaweps
Thursday

Salmo 121:3 E lo no pèrmití pa bo pia slep; Esun ku ta wardabo lo no kabishá.

05:00 _____

06:00 _____

07:00 _____

08:00 _____

09:00 _____

10:00 _____

11:00 _____

12:00 _____

01:00 _____

02:00 _____

03:00 _____

04:00 _____

05:00 _____

06:00 _____

07:00 _____

08:00 _____

Un bida di orashon ta un bida di prosperidat. Dios mes ta kana ku bo.

12

Djabièrnè

Salmo 121:4 Mira, Esun ku ta kuida Israel lo no kabishá ni drumi.

05:00

06:00

07:00

08:00

09:00

10:00

11:00

12:00

01:00

02:00

03:00

04:00

05:00 Felis Sabat

06:00

07:00

08:00

Bo no por drumi anochi? Bo no ta bo so, Dios ta huntu ku bo.
Papia kunÉ!

13

Djasabra
Saturday

05:00

07:00

09:00

11:00

01:00

03:00

05:00

07:00

08:00

Y
ü
n
i

14

Djadumingu
Sunday

05:00

07:00

09:00

11:00

01:00

03:00

05:00

07:00

08:00

2
0
2
0

Orashon pa e Siman akí:

1. _____
2. _____
3. _____
4. _____
5. _____
6. _____
7. _____
8. _____
9. _____
10. _____
11. _____
12. _____
13. _____
14. _____
15. _____

Pasobra nos lucha no ta kontra karni i sanger, sino kontra e gobernantenan, kontra e podernan, kontra e forsanan mundial di e skuridat aki, kontra e forsanan spiritual di maldat den e lugánan selestial.
Efesionan 6:12

15 Djaluna

Monday

Salmo 121:5 SEÑOR ta bo wardadó; SEÑOR ta bo sombra na bo man drechi.

05:00

06:00

07:00

08:00

09:00

10:00

11:00

12:00

01:00

02:00

03:00

04:00

05:00

06:00

07:00

08:00

Gradisimentu ta habri portanan di bendishon.

16 *Djamars*

Salmo 121:6 Solo lo no fatigábo di dia, ni luna anochi.

05:00

06:00

07:00

08:00

09:00

10:00

11:00

12:00

01:00

02:00

03:00

04:00

05:00

06:00

07:00

08:00

Dios ta e úniko hefe di trabou, ku for di inisio ta ofresé kontrato di trabou den servisio permanente, pues ku no ta kaba nunka.

17 Djárason
Wednesday

Salmo 121:7 SEÑOR lo protehá bo kontra tur maldat; E lo warda bo alma.

05:00

06:00

07:00

08:00

09:00

10:00

11:00

12:00

01:00

02:00

03:00

04:00

05:00

06:00

07:00

08:00

Yüni

2020

Dios Su Palabra no ta kambia pa bo. Su si ta si i Su nò ta nò.

18

Djaweps
Thursday

Salmo 121:8 SEÑOR lo warda bo salida i bo entrada for di awor i pa semper.

05:00

06:00

07:00

08:00

09:00

10:00

11:00

12:00

01:00

02:00

03:00

04:00

05:00

06:00

07:00

08:00

No laga miedu determiná bo pasonan. Sin embargo, laga Su Palabra guia bo. E ta e lampi ku ta lusa bo kaminda.

19 *Djabièrnè*

Friday

Hebreonan 11:1 Awor fe ta e siguransa di kosnan ku hende ta spera, e konvikshon di kosnan ku hende no ta mira.

05:00

06:00

07:00

08:00

09:00

10:00

11:00

12:00

01:00

02:00

03:00

04:00

05:00 Felis Sabat

06:00

07:00

08:00

Mas Fe, ménos ansha i ménos miedu.

20

Djasabra
Saturday

05:00

07:00

09:00   Y

11:00   ü

01:00   n

03:00   i

05:00

07:00

08:00

21

Djadumingu
Sunday

05:00

07:00   *Nos por krusa*   2

09:00   *kada krusada*
         den bida,   0

11:00   *solamente*
         ku nos

01:00   *wowonan*   2
         fihá ariba.

03:00   0
         Priscilla Krolis

05:00

07:00

08:00

Guia pa traha un presupuesto

Entrada

Donashon mensual 10-15 %	
Spar 5-10 %	
Gastunan di kas 25-35 %	
Awa, lus i internèt 5-10 %	
Kuminda 5-15 %	
Transporte 10-15 %	
Paña i sapatu 2-7 %	
Salú 5-10 %	
Gastunan Personal 5-10 %	
Rekreashon, salimentu i fakansi 5-10 %	
Debenan 5-10 %	

E porsentahenan akí ta basá riba "Dave Ramsey" su rekomendashonnan.

www.luisettekraal.com

22

Djaluna

Monday

Hebreonan 11:6 I sin fe ta imposibel pa agrad'E, pasobra esun ku bin serka Dios mester kere ku E ta, i ku E ta Esun ku ta rekompensá esnan ku ta busk'E.

05:00

06:00

07:00

08:00

09:00

10:00

11:00

12:00

01:00

02:00

03:00

04:00

05:00

06:00

07:00

08:00

Fe ta e klave pa risibí bendishonnan di Dios.

23

Djamars
Tuesday

Salmo 42:1 Manera biná ta anhelá na koridanan di awa, asina mi alma ta anhelá na Bo, O Dios.

05:00

06:00

07:00

08:00

09:00

10:00

11:00

12:00

01:00

02:00

03:00

04:00

05:00

06:00

07:00

08:00

No laga miedu di wòrdu di hùrt stroba bo di stima. Hendenan lo hasi bo doló , pero otronan lo stima bo bèk. E rekompensa ta bal e riesgo.

24

Djárason
Wednesday

Romanonan 1:17 Pasobra den esaki e hustisia di Dios ta keda revelá di fe pa fe; manera ta pará skirbí: "Ma e hende hustu lo biba pa medio di fe."

05:00

06:00

07:00

08:00

09:00

10:00

11:00

12:00

01:00

02:00

03:00

04:00

05:00

06:00

07:00

08:00

Nos propósito di mas grandi mester ta pa engrandesé Dios.

25

Djaweps
Thursday

Juan 14:2 Den kas di Mi Tata tin hopi lugá di biba; si no tabata asina, lo Mi a bisa boso; pasobra Mi ta bai pa prepará un lugá pa boso.

05:00
06:00
07:00
08:00
09:00
10:00
11:00
12:00
01:00
02:00
03:00
04:00
05:00
06:00
07:00
08:00

No biba preokupá pa kosnan terenal, un dia nos lo gosa
di rikesanan selestial!

26 Djabièrnè

Juan 14:3 I ora Mi bai i prepará un lugá pa boso, lo Mi bin atrobe i risibí boso serka Mi, pa kaminda Ami ta, boso tambe por ta.

05:00

06:00

07:00

08:00

09:00

10:00

11:00

12:00

01:00

02:00

03:00

04:00

05:00 Felis Sabat

06:00

07:00

08:00

Mas mi bebe di Hesus, mas mi alma ta deseá di sigui bebe di djE.

27

Djasabra
Saturday

05:00

07:00

09:00

11:00

01:00

03:00

05:00

07:00

08:00

Y

ü

n

i

28

Djadumingu
Sunday

05:00

07:00

09:00

11:00

01:00

03:00

05:00

07:00

08:00

2

0

2

0

29

Djaluna

Monday

Juan 14:6 Jesus a bis'é: "Ami ta e kaminda, i e bèrdat, i e bida; ni un hende no ta bin serka e Tata, sino pa medio di Mi".

05:00 ....

06:00 ....

07:00 ....

08:00 ....

09:00 ....

10:00 ....

11:00 ....

12:00 ....

01:00 ....

02:00 ....

03:00 ....

04:00 ....

05:00 ....

06:00 ....

07:00 ....

08:00 ....

Laga Hesus tuma bo karganan i tene bo man miéntras bo ta kana riba e kaminda, yamá "bida".

30

Djamars
Tuesday

Romanonan 5:8 Ma Dios ta demostrá Su mes amor pa ku nos den esaki, ku tempu nos tabata pekadó ainda, Cristo a muri pa nos.

05:00

06:00

07:00

08:00

09:00

10:00

11:00

12:00

01:00

02:00

03:00

04:00

05:00

06:00

07:00

08:00

Hesus a hasi e sakrifisio di mas grandi, pa e preis di mas abou; grátis!

1

Djárason
Wednesday

Romanonan 10:9 ku si bo konfesá ku bo boka Jesus komo Señor, i kere den bo kurason ku Dios a lant'E for di e mortonan, lo bo ta salbá;

05:00 _____

06:00 _____

07:00 _____

08:00 _____

09:00 _____

10:00 _____

11:00 _____

12:00 _____

01:00 _____

02:00 _____

03:00 _____

04:00 _____

05:00 _____

06:00 _____

07:00 _____

08:00 _____

E Dios ku a lanta Hesus fo'i morto, tin poder pa rebibá mi i kambia mi desierto den awa bibu.

2

Djaweps
Thursday

Romanonan 10:10 pasobra ku kurason hende ta kere pa haña hustisia, i ku boka e ta konfesá pa haña salbashon.

05:00

06:00

07:00

08:00

09:00

10:00

11:00

12:00

01:00

02:00

03:00

04:00

05:00

06:00

07:00

08:00

Awe mi ke habri mi kurason pa Hesus Su salbashon.

3

Djabièrnè

Friday

Romanonan 10:13 pasobra: "Ken ku invoká e nòmber di SEÑOR lo ta salbá."

05:00

06:00

07:00

08:00

09:00

10:00

11:00

12:00

01:00

02:00

03:00

04:00

05:00 Felis Sabat

06:00

07:00

08:00

Hesus Su nasementu den forma di hende, ta e humiashon di mas grandi pa E komo Dios, sinembargo e privilegio di mas grandi pa nos komo hende.

4

Djasabra
Saturday

05:00
07:00
09:00
11:00
01:00
03:00
05:00
07:00
08:00

Y
ü
1
i

5

Djadumingu
Sunday

05:00
07:00
09:00
11:00
01:00
03:00
05:00
07:00
08:00

Mas kayente
e kandela
di prueba,
mas grandi
Dios Su
grasia
ta pa mi.

Priscilla Krolis

2
0
2
0

Orashon pa e Siman akí:

1. _____
2. _____
3. _____
4. _____
5. _____
6. _____
7. _____
8. _____
9. _____
10. _____
11. _____
12. _____
13. _____
14. _____
15. _____

*Pasobra nos lucha no ta kontra karni i sanger, sino
kontra e gobernantenan, kontra e podernan, kontra e
forsanan mundial di e skuridat aki, kontra e forsanan
spiritual di maldat den e lugánan selestial.*
Efesionan 6:12

6

Djaluna

Salmo 20:5 Nos lo kanta di alegria pa bo viktoria, i den e nòmber di nos Dios nos lo lanta nos emblemanan. Ku SEÑOR kumpli ku tur bo petishonnan.

05:00

06:00

07:00

08:00

09:00

10:00

11:00

12:00

01:00

02:00

03:00

04:00

05:00

06:00

07:00

08:00

Señor no ta leu pero mas serka ku bo ta pensa.

7

Djamars
Tuesday

Romanonan 8:37 Ma den tur e kosnan aki nos ta mas ku vensedor dor di Esun ku a stima nos.

05:00

06:00

07:00

08:00

09:00

10:00

11:00

12:00

01:00

02:00

03:00

04:00

05:00

06:00

07:00

08:00

No tin un persona mas felis ku esun ku sa ku e ta kuminsá un lucha komo vensedor den Kristu!

8

Djárason
Wednesday

Salmo 123:2 Mira, manera wowo di sirbidónan ta riba man di nan shon, manera wowo di sirbiente ta riba man di e señora, asina nos wowo ta riba SEÑOR nos Dios, te ora ku E tene miserikòrdia di nos.

05:00

06:00

07:00

08:00

09:00

10:00

11:00

12:00

01:00

02:00

03:00

04:00

05:00

06:00

07:00

08:00

Para ketu i meditá den Dios Su palabra i E lo mustra bo kosnan grandi ku nos mente humano ku tur su sabiduria no por komprondé.

9

Djaweps
Thursday

2 Krónikanan 20:12 O nos Dios, lo Bo no huzga nan? Pasobra nos ta sin forsa dilanti di e multitut grandi aki ku ta bini kontra nos; ni nos no sa kiko pa hasi, ma nos wowo ta riba Bo.

05:00

06:00

07:00

08:00

09:00

10:00

11:00

12:00

01:00

02:00

03:00

04:00

05:00

06:00

07:00

08:00

Bista riba sirkunstansia ta pone nos senk, ma bista riba Señor ta lanta ánimo.

10 Djabièrnè

Salmo 33:18 Ata, e wowo di SEÑOR ta riba esnan ku ta tem'E, riba esnan ku ta spera riba Su miserikòrdia,

05:00

06:00

07:00

08:00

09:00

10:00

11:00

12:00

01:00

02:00

03:00

04:00

05:00 Felis Sabat

06:00

07:00

08:00

Dios ta den shelu i E ta hasi loke E ke.

11

Djasabra
Saturday

05:00 ....

07:00 ....

09:00 ....

11:00 ....

01:00 ....

03:00 ....

05:00 ....

07:00 ....

08:00 ....

12

Djadumingu
Sunday

05:00 ....

07:00 ....

09:00 ....

11:00 ....

01:00 ....

03:00 ....

05:00 ....

07:00 ....

08:00 ....

E Bèrdat

Apesar ku Dios sa tur kos E ta stima bo tòg. Dia mi a realisá ku Dios stima mi apesar di mi pikánan mahos mi boka a kai habri. Mi a realisá ku mi no por skonde mi pikánan p'E. Asina mi a yega na e konklushon ku mi no mester peka mas.

Mi no por skonde pa Dios. Mi no ke purba mes. Ta ko'i loko.

Mi no ke biba ku e peso di remordimentu i kulpabilidat.

Dios, awe mi ta pidi Bo yuda mi pa mi biba pa Bo.

Guia mi i mustra mi e kaminda drechi.

Luisette Kraal

www.luisettekraal.com

13

Djaluna
Monday

Hebreonan 12:2 fihando nos wowo riba Hesus, e outor i kumplidó di fe, Kende, pa motibu di e goso poní Su dilanti, a soportá e sufrimentu di krus, sin hasi kaso di bèrguensa, i a sinta na man drechi di e trono di Dios.

05:00 ....

06:00 ....

07:00 ....

08:00 ....

09:00 ....

10:00 ....

11:00 ....

12:00 ....

01:00 ....

02:00 ....

03:00 ....

04:00 ....

05:00 ....

06:00 ....

07:00 ....

08:00 ....

Dia nos permití loke ta den nos mente baha yega den nos kurason, i laga Spiritu Santu transformá nos, e ora ei nos por pensa, aktua i papia manera Kristu Hesus

14 Djamars
Tuesday

Salmo 46:7 E SEÑOR di ehérsitonan ta ku nos; e Dios di Jakòb ta nos refugio.

05:00

06:00

07:00

08:00

09:00

10:00

11:00

12:00

01:00

02:00

03:00

04:00

05:00

06:00

07:00

08:00

E kos di mas importante ku Dios a siña mi ta "sosegá den dje".

15

Djárason

Wednesday

Salmo 32:7 Bo ta mi lugá di skonde; Bo ta wardami di angustia; Bo ta rondonámi ku kantika di liberashon.

05:00

06:00

07:00

08:00

09:00

10:00

11:00

12:00

01:00

02:00

03:00

04:00

05:00

06:00

07:00

08:00

Kuida e tesoronan ku Dios a duna bo. No laga e enemigu kana drenta i hòrta nan.

16

Djaweps
Thursday

Proverbionan 18:10 E nòmber di SEÑOR ta un toren fuerte; e hustu ta kore drenta den djé i ta sigur.

05:00

06:00

07:00

08:00

09:00

10:00

11:00

12:00

01:00

02:00

03:00

04:00

05:00

06:00

07:00

08:00

Dios tei TUR kaminda. Asta den kosnan di tur dia.

17 Djabièrnè

Friday

Salmo 91:1 Esun ku ta biba bou di e protekshon di e Haltísimo lo
permanesé den e sombra di e Todopoderoso.

05:00

06:00

07:00

08:00

09:00

10:00

11:00

12:00

01:00

02:00

03:00

04:00

05:00   Felis Sabat

06:00

07:00

08:00

Tuma desishon awe pa biba bou di e protekshon di e Dios
Haltísimo

18

Djasabra
Saturday

05:00

07:00

09:00

11:00

01:00

03:00

05:00

07:00

08:00

Yüli

19

Djadumingu
Sunday

05:00

07:00

09:00

11:00

01:00

03:00

05:00

07:00

08:00

2020

Orashon pa e Siman akí:

1. _____
2. _____
3. _____
4. _____
5. _____
6. _____
7. _____
8. _____
9. _____
10. _____
11. _____
12. _____
13. _____
14. _____
15. _____

Pasobra nos lucha no ta kontra karni i sanger, sino kontra e gobernantenan, kontra e podernan, kontra e forsanan mundial di e skuridat aki, kontra e forsanan spiritual di maldat den e lugánan selestial.
Efesionan 6:12

20

Djaluna

Monday

1 Juan 4:4 Boso ta di Dios, yu chikitunan, i boso a vense nan; pasobra mas grandi ta Esun ku ta den boso ku esun ku ta den mundu.

05:00

06:00

07:00

08:00

09:00

10:00

11:00

12:00

01:00

02:00

03:00

04:00

05:00

06:00

07:00

08:00

Mas kayente e kandela di prueba, mas grandi Dios Su grasia ta pa mi.

21

Djamars
Tuesday

Salmo 20:5 Nos lo kanta di alegria pa bo viktoria, i den e nòmber di nos Dios nos lo lanta nos emblemanan. Ku SEÑOR kumpli ku tur bo petishonnan.

05:00

06:00

07:00

08:00

09:00

10:00

11:00

12:00

01:00

02:00

03:00

04:00

05:00

06:00

07:00

08:00

Señor no ta leu pero mas serka ku bo ta pensa.

22

Djárason
Wednesday

Romanonan 8:37 Ma den tur e kosnan aki nos ta mas ku vensedor dor di Esun ku a stima nos.

05:00

06:00

07:00

08:00

09:00

10:00

11:00

12:00

01:00

02:00

03:00

04:00

05:00

06:00

07:00

08:00

No tin un persona mas felis ku esun ku sa ku e ta kuminsá un lucha komo vensedor den Kristu!

23

Djaweps
Thursday

Salmo 123:2 Mira, manera wowo di sirbidónan ta riba man di nan shon, manera wowo di sirbiente ta riba man di e señora, asina nos wowo ta riba SEÑOR nos Dios, te ora ku E tene miserikòrdia di nos.

05:00

06:00

07:00

08:00

09:00

10:00

11:00

12:00

01:00

02:00

03:00

04:00

05:00

06:00

07:00

08:00

Para ketu i meditá den Dios Su Palabra i E lo mustra bo kosnan grandi ku nos mente humano ku tur su sabiduria no por komprondé.

24

Djabièrnè

2 Krónikanan 20:12 O nos Dios, lo Bo no huzga nan? Pasobra nos ta sin forsa dilanti di e multitut grandi aki ku ta bini kontra nos; ni nos no sa kiko pa hasi, ma nos wowo ta riba Bo.

05:00

06:00

07:00

08:00

09:00

10:00

11:00

12:00

01:00

02:00

03:00

04:00

05:00   Felis Sabat

06:00

07:00

08:00

Bista riba sirkunstansia ta pone nos senk, ma bista riba Señor ta lanta ánimo.

25

Djasabra
Saturday

05:00

07:00

09:00

11:00

01:00

03:00

05:00

07:00

08:00

26

Djadumingu
Sunday

05:00

07:00

09:00

11:00

01:00

03:00

05:00

07:00

08:00

Hesus ta mi
Anker, Kende ta pone
mi para fuerte
sin move,
meimei di olanan di prueba

Priscilla Krolis

Hesus Ta hasi Orashon

Hesus ta hasi orashon pidiendo Dios protekshon I san-tifikashon di e kreyentenan. Hesus ta pidi pa rumannan por ta uní. E unidat akí ta den Dios so nos por hañ'é. Ora nos fiha nos bista riba Dios I ora nos para riba e promesanan di Dios. Hesus ta siña nos fiha riba Dios I sea umilde. Pablo ta bisa e iglesia na Efesio pa nan ta uní den e Spiritu. (Efesionan 4: 3) Laga nos laga e Spiritu di Dios uni nos. Laga nos pone nos karni bou di nos pia. Laga nos brasa e bèrdat di Kristu Hesus tene duru. Ku pasenshi, gentilesa i umildat i soportá otro den amor. Asina nos ta kai bou di Dios su protekshon.

Drs. Ed Kraal
Presidente Saved to Serve International Miministry. (SSIM)

27

Djaluna

Monday

Salmo 33:18 Ata, e wowo di SEÑOR ta riba esnan ku ta tem'E, riba esnan ku ta spera riba Su miserikòrdia,

05:00 ....

06:00 ....

07:00 ....

08:00 ....

09:00 ....

10:00 ....

11:00 ....

12:00 ....

01:00 ....

02:00 ....

03:00 ....

04:00 ....

05:00 ....

06:00 ....

07:00 ....

08:00 ....

Dios ta den shelu i E ta hasi loke E ke.

28

Djamars
Tuesday

Hebreonan 12:2 fihando nos wowo riba Hesus, e outor i kumplidó di fe, Kende, pa motibu di e goso poní Su dilanti, a soportá e sufrimentu di krus, sin hasi kaso di bèrguensa, i a sinta na man drechi di e trono di Dios.

05:00

06:00

07:00

08:00

09:00

10:00

11:00

12:00

01:00

02:00

03:00

04:00

05:00

06:00

07:00

08:00

Dia nos permití loke ta den nos mente baha yega den nos kurason, i laga Spiritu Santu transformá nos, e ora ei nos por pensa, aktua i papia manera Kristu Hesus

29

Djárason

Salmo 46:7 E SEÑOR di ehérsitonan ta ku nos; e Dios di Jakòb ta nos refugio.

05:00

06:00

07:00

08:00

09:00

10:00

11:00

12:00

01:00

02:00

03:00

04:00

05:00

06:00

07:00

08:00

E kos di mas importante ku Dios a siña mi ta "sosegá den dje".

30

Djaweps
Thursday

Salmo 43:5 Pakiko bo ta abatí, O mi alma? I pakiko bo ta intrankil den mi? Spera riba Dios, pasobra ainda lo mi alab'E, mi Salbador i mi Dios.

05:00

06:00

07:00

08:00

09:00

10:00

11:00

12:00

01:00

02:00

03:00

04:00

05:00

06:00

07:00

08:00

No desesperá i bai leu foi kas. Keda serka di nos Tata Selestial ku ta stima bo.

31

Djabièrnè

Friday

Salmo 42:11 Pakiko bo ta abatí, O mi alma? i pakiko bo a bira intrankil den mi? Spera riba Dios, pasobra ainda lo mi alab'E, mi Salbador i mi Dios.

05:00

06:00

07:00

08:00

09:00

10:00

11:00

12:00

01:00

02:00

03:00

04:00

05:00 Felis Sabat

06:00

07:00

08:00

Bista riba sirkunstansia ta pone nos senk, ma bista riba Señor ta lanta ánimo.

Dia Internashonal

8 Mart Dia internashonal di hende Muhé

2 Aprel Dia Internashonal Di Konsientisashon pa Outismo

7 Aprel Dia Mundial di Salut

28 Aprel Dia Mundial pa seguridat i salú na trabou

15 Mei Dia Internashonal di Famia

4 Yüni Dia Internashonal di Muchanan Inosente Víktima di Agreshon

5 Yüni Dia Mundial di Medio Ambiente

12 Yüni Dia Mundial kontra Labor di Mucha

15 Yüni Dia Mundial di Konsientisashon kontra Abuso di Hende

30 Yüli Dia Internashonal di Amistat

30 Yüli Dia Mundial kontra trafikashon di Hende

10 Sèptèmber Dia Mundial di Prevenshon kontra Suisidio

21 Sèptèmber Dia Internashonal di Pas

Òktober Luna di Konsientisashon kontra Kanser di Pechu

1 Òktober Dia Internashonal di Hende Grandi

2 Òktober Dia Internashonal di No-Violensia

5 Òktober Dia Internashonal di Maestro

10 Òktober Dia Mundial di salú Mental

14 Novèmber Dia Internashonal di Diabetis

21 Novèmber Dia Internashonal di Derechonan di Mucha

25 Novèmber Dia Internashonal pa Eliminashon di Violensia kontra Hende Muhé

1 Desèmber Dia Mundial di AIDS

2 Desèmber Dia Internashonal di abolishon di Sklabitut

3 Desèmber Dia Internashonal di Personanan Desabilitá

10 Desèmber Dia di Derechonan Humano

Bo tabata sa ku:

1. E Beibel kompletu ta partí den dos parti. Tèstamènt Bieu ku 39 buki I Tèstamènt Nobo ku 27 buki.
2. 40 diferente outor a skibi e Beibel.
3. E versíkulo di mas kòrtiku di Beibel ta Huan 11:35 "Hesus a yora."
4. E versíkulo di mas largu ta den e buki di Ester 8:9
5. E palabra Beibel ta bin di Latin "Biblia" I di Griego "Biblos".
   Tur dos ta nifiká buki.
6. E palabra Tèstamènt ta nifiká kontrato òf "covenant".
7. Beibel ta skibí den tres idioma original. Tèstamènt Bieu na Hebreo, Tèstamènt nobo na Griego. I tin algun partinan chikí skibí na Arameo.
8. A skibi E Beibel riba tres diferente kontinente.
   - Asia, Afrika, i Oropa.
9. Ta tuma un persona 70 ora pa lesa henter e Beibel.
10. E promé Beibel a ser tradusí na Ingles pa John Wycliffe na aña 1382 A.D.
11. Awor tin Beibel den 670 idioma rònt mundu. E Tèstamènt Nobo so ta optenibel na 1,521 idioma (www.wycliffe.org.uk)
12. Tur Aña di nobo Beibel ta e BESTSELLER mundial. Ta bende mas Beibel ku kualke otro buki.

1

Djasabra
Saturday

05:00

07:00

09:00

11:00

01:00

03:00

05:00

07:00

08:00

2

Djadumingu
Sunday

05:00

07:00

09:00

11:00

01:00

03:00

05:00

07:00

08:00

E Dios ku
a lanta Hesus
fo'i morto,
tin poder pa
rebibá mi
i kambia mi
desierto den
awa bibu.

Priscilla Krolis

3

Djaluna
Monday

Salmo 55:22 Tira bo karga riba SEÑOR, i E lo sostené bo; nunka E lo no pèrmití pa e hustu wòrdu moví.

05:00

06:00

07:00

08:00

09:00

10:00

11:00

12:00

01:00

02:00

03:00

04:00

05:00

06:00

07:00

08:00

Pakiko kana ku un karga pisá, miéntras Dios ta dispuesto pa karg'e pa bo?

4

Djamars
Tuesday

1 Pedro 5:7 tirando tur boso preokupashon riba djE, pasobra E ta pèrkurá pa boso.

05:00
06:00
07:00
08:00
09:00
10:00
11:00
12:00
01:00
02:00
03:00
04:00
05:00
06:00
07:00
08:00

Asta ora kos parse di ta malu pa bo, na kaminda kos ta bòltu i algu bon ta sali afó.

5 Djárason
Wednesday

Filipensenan 4:6 No preokupá pa nada; ma den tur kos, pa medio di orashon i súplika ku gradisimentu, laga boso petishonnan ta konosí dilanti di Dios.

05:00

06:00

07:00

08:00

09:00

10:00

11:00

12:00

01:00

02:00

03:00

04:00

05:00

06:00

07:00

08:00

Mas importante un kos ta pa nos, mas difísil por bira pa nos konfia Dios ku e kos ei.

6

Djaweps
Thursday

Mateo 11:28 Bin serka Mi tur ku ta kansá i kargá, i lo Mi duna boso sosiegu.

05:00

06:00

07:00

08:00

09:00

10:00

11:00

12:00

01:00

02:00

03:00

04:00

05:00

06:00

07:00

08:00

Dios Su invitashon ta riba mesa, pakiko bo ta tarda?

7

Djabièrnè

Friday

Salmo 94:19 Den e multitut di mi preokupashonnan den mi, Bo konsuelonan ta alegrá mi alma.

05:00

06:00

07:00

08:00

09:00

10:00

11:00

12:00

01:00

02:00

03:00

04:00

05:00 Felis Sabat

06:00

07:00

08:00

Hesus Su presensia ta seka lágrima, kita preokupashon i ta alegrá nos kurason.

8

Djasabra
Saturday

05:00 _____
07:00 _____
09:00 _____
11:00 _____
01:00 _____
03:00 _____
05:00 _____
07:00 _____
08:00 _____

9

Djadumingu
Sunday

05:00 _____
07:00 _____
09:00 _____
11:00 _____
01:00 _____
03:00 _____
05:00 _____
07:00 _____
08:00 _____

10 _Djaluna_

Monday

Isaias 43:1 Ma awor, asina SEÑOR, bo Kreador, ta bisa, O Jakòb, i Esun ku a forma bo, O Israel: "No tene miedu, pasobra Ami a redimí bo; Mi a yama bo na bo nòmber; bo ta di Mi!"

05:00

06:00

07:00

08:00

09:00

10:00

11:00

12:00

01:00

02:00

03:00

04:00

05:00

06:00

07:00

08:00

Laga bo si ta si, laga bo nò ta nò.

11

Djamars
Tuesday

1 Pedro 3:3 I no laga boso dòrnamentu ta di pafó so flègtmentu di kabei, bistimentu di hoya di oro, òf bistimentu di paña luhoso;

05:00

06:00

07:00

08:00

09:00

10:00

11:00

12:00

01:00

02:00

03:00

04:00

05:00

06:00

07:00

08:00

Regosihá bo mes den djE.

12

Djárason

Isaias 50:4 Señor DIOS a duna Mi un lenga ku a wòrdu siñá, pa Mi sa kon pa sostené ku palabra esun ku ta kansá. E ta spièrta Mi mainta tras mainta; E ta spièrta Mi orea pa tende manera un ku ta wòrdu siñá.

05:00

06:00

07:00

08:00

09:00

10:00

11:00

12:00

01:00

02:00

03:00

04:00

05:00

06:00

07:00

08:00

Esta dushi ta pa laga Dios siña bo. Ora ku E siña bo, E mes ta kapasitá bo pa siña otro.

13

Djaweps
Thursday

Isaias 54:4 No tene miedu, pasobra lo bo no wòrdu brongosá; ni sintibo umiyá, pasobra bo kara lo no keda na bèrguensa, ma lo bo lubidá e bèrguensa di bo hubentut, i lo bo no kòrda mas e reproche ku bo ta biuda.

05:00

06:00

07:00

08:00

09:00

10:00

11:00

12:00

01:00

02:00

03:00

04:00

05:00

06:00

07:00

08:00

Adulterio no ta pas pa un muhé di Dios. Kibra e kos ei, pidi Dios pordon i buska un yudansa.

14

Djabièrnè

Friday

Isaias 54:11 O hende afligí, ku ta abatí pa tempestat, i sin konsuelo, mira, lo Mi pega bo piedranan den antimonio, i bo fundeshinan lo Mi pega den piedra di safiro.

05:00

06:00

07:00

08:00

09:00

10:00

11:00

12:00

01:00

02:00

03:00

04:00

05:00 Felis Sabat

06:00

07:00

08:00

Dios ta un Dios di oportunidat!

15

Djasabra
Saturday

05:00

07:00

09:00

11:00

01:00

03:00

05:00

07:00

08:00

16

Djadumingu
Sunday

05:00

07:00

09:00

11:00

01:00

03:00

05:00

07:00

08:00

Ougustu

2020

Romanonan 12:1

Bai riba bo rudia, lesa e versíkulo akí i entregá tur kos na Dios.
Tur kos.

"P'esei mi ta roga boso, rumannan, pa medio di e miserikòrdianan di Dios, pa presentá boso kurpanan komo sakrifisionan bibu i santu, aseptabel pa Dios, kual ta boso sirbishi spiritual di adorashon."
Mi ta entregá mi bida na Dios, Si na E so!

Luisette Kraal

www.luisettekraal.com

17

Djaluna
Monday

Isaias 55:8 "Pasobra Mi pensamentunan no ta boso pensamentunan, ni boso kamindanan no ta Mi kamindanan," SEÑOR ta deklará

05:00

06:00

07:00

08:00

09:00

10:00

11:00

12:00

01:00

02:00

03:00

04:00

05:00

06:00

07:00

08:00

Awe mi ta laga Spiritu Santu kontrolá mi pensamentunan.

18 Djamars
Tuesday

Isaias 55:9 Pasobra meskos ku e shelunan ta mas haltu ku tera, asina Mi kamindanan ta mas haltu ku boso kamindanan, i Mi pensamentunan mas haltu ku boso pensamentunan.

05:00

06:00

07:00

08:00

09:00

10:00

11:00

12:00

01:00

02:00

03:00

04:00

05:00

06:00

07:00

08:00

E sabiduria di Dios ta infinítamente mas haltu ku e sabiduria humano.

19

Djárason

Wednesday

Isaias 58:12 I bo mes hendenan lo traha e ruinanan antiguo di nobo; lo bo lanta e fundeshinan antiguo, i lo bo wòrdu yamá Esun ku ta Drecha e Kibrá den Muraya, Esun ku ta Drecha e Kayanan unda Hende por Biba.

05:00

06:00

07:00

08:00

09:00

10:00

11:00

12:00

01:00

02:00

03:00

04:00

05:00

06:00

07:00

08:00

Sea alerta den orashon, asina Dios den Su grasia por usa bo pa drecha murayanan kibrá.

20

Djaweps
Thursday

Isaias 60:1 Lanta, briya, pasobra bo lus a yega, i e gloria di SEÑOR ta briya riba bo.

05:00
06:00
07:00
08:00
09:00
10:00
11:00
12:00
01:00
02:00
03:00
04:00
05:00
06:00
07:00
08:00

Tuma tempu pa hasi loke bo ta gusta hasi. Bai laman, lesa un bon buki òf wak un pelíkula. Tempu pa bo mes ta importante i nesesario.

21

Djabièrnè

Friday

Hageo 1:7 Asina e SEÑOR di ehérsitonan ta bisa: "Pensa bon riba boso kondukta!"

05:00

06:00

07:00

08:00

09:00

10:00

11:00

12:00

01:00

02:00

03:00

04:00

05:00 Felis Sabat

06:00

07:00

08:00

No papia nèchi hunga Kristian. Dios sa tur kos tòg.

22

Djasabra
Saturday

05:00

07:00

09:00

11:00

01:00

03:00

05:00

07:00

08:00

23

Djadumingu
Sunday

05:00

07:00

09:00

11:00

01:00

03:00

05:00

07:00

08:00

Abo por bisa meskos ku Josue, "Ami i mi kas lo sirbi Señor?"

Josue 24:15
www.luisettekraal.com

Ougùstù

2020

24

Djaluna
Monday

Habakuk 3:18 Tòg lo mi alegrá den SEÑOR, lo mi regosihá den e Dios di mi salbashon.

05:00
06:00
07:00
08:00
09:00
10:00
11:00
12:00
01:00
02:00
03:00
04:00
05:00
06:00
07:00
08:00

E goso di Dios ta nos fortalesa. Kiko e "goso" di Dios ta pa bo awe?

25

Djamars
Tuesday

Salmo 37:4 Deleitá bo mes den SEÑOR, i E lo dunabo e deseonan di bo kurason.

05:00

06:00

07:00

08:00

09:00

10:00

11:00

12:00

01:00

02:00

03:00

04:00

05:00

06:00

07:00

08:00

Satanas semper ta purba kibra bo relashon ku Dios.

26

Djárason

Wednesday

Salmo 4:8 Na pas lo mi bai drumi i pega soño, pasobra ta Abo so, O SEÑOR, ta hasi mi biba den siguridat.

05:00

06:00

07:00

08:00

09:00

10:00

11:00

12:00

01:00

02:00

03:00

04:00

05:00

06:00

07:00

08:00

Mi tin asina tantu motibunan pa ta agradesido na Dios den mi bida.

27

Djaweps
Thursday

Efesionan 4:26-27 Rabia, ma no hasi piká; no laga solo baha riba boso rabia, i no duna diabel oportunidat.

05:00

06:00

07:00

08:00

09:00

10:00

11:00

12:00

01:00

02:00

03:00

04:00

05:00

06:00

07:00

08:00

Den Kristu mi no ta un sobreviviente, pero mi ta mas ku un vensedor.

28

Djabièrnè

Friday

Salmo 42:11 Pakiko bo ta abatí, O mi alma? i pakiko bo a bira intrankil den mi? Spera riba Dios, pasobra ainda lo mi alab'E, mi Salbador i mi Dios.

05:00

06:00

07:00

08:00

09:00

10:00

11:00

12:00

01:00

02:00

03:00

04:00

05:00   Felis Sabat

06:00

07:00

08:00

Bista riba sirkunstansia ta pone nos senk, ma bista riba Señor ta lanta ánimo.

29

Djasabra
Saturday

05:00 ....

07:00 ....

09:00 ....

11:00 ....

01:00 ....

03:00 ....

05:00 ....

07:00 ....

08:00 ....

30

Djadumingu
Sunday

05:00 ....

07:00 ....

09:00 ....

11:00 ....

01:00 ....

03:00 ....

05:00 ....

07:00 ....

08:00 ....

TUR DIA:

- Drecha kama
- Bari kas
- Bari kushina
- Laba tayó
- Limpia "aanrecht" i bakinan di laba tayó
- Organisá i pone tur kos na nan lugá.
- Pasa un mòp ariba ariba ora tin algu   sushi

Un Biaha Pa Siman

- Bari i mòp henter kas.
- Skeiru baño i flurnan manera di balkòn
- Limpia spil i labamano den baño
- Stòf tur mueble
- Kambia paña di kama
- Limpia frishidèr
- Limpia den mikroonda i fòrnu
- Laba i kambia sèrbètè di kushina i desinfektá spòns.
- Stòfzuig
- Limpia tur aparato den kushina ku ta ser usá
- Limpia e filter di èrko

Tur Luna

- Limpia bo mashin di laba paña
- Limpia bo mashin di laba tayó
- Limpia bo stòfzuiger
- Limpia tur fèn den kas
- Limpia tur lampi
- Limpia kos di sushi
- Limpia frishidèr, limpiesa profundo
- Laba i kambia kortina di baño
- Spùit i limpia bentananan
- Limpia "blinds" i "screen" di bentana
- Limpia i spùit e balkòn
- Duna bo kas un bon bùrt

Kada 3 pa 6 Luna

- Limpia den frizer
- Stòfzuig matras
- Bòltu matras
- Hala tur meubels i kama limpia patras i abou
- Limpia tur balustrade
- Laba kusinchi i sobre kama
- Kambia i laba kortinanan den kas
- Hala frishidèr i stof, limpia patras, abou i ariba

Tur Aña

- Spùit kas i dak
- Limpia pipa di afvur
- Limpia i saka sushi for di den e het di dak
- "Steam clean" tapeit
- Spùit i limpia bentananan paden i pafò.
- Organisá i limpia den bèrghòk
- Organisá i limpia den garashi
- Organisá i limpia kashi di paña
- Reorganisá kashi di kushina.
- Duna bo kas un bùrt grandi

31

Djaluna
Monday

Job 23:10 Ma E sa di e kaminda ku mi ta kohe; ora ku E kaba di pone mi na prueba, lo mi sali manera oro.

05:00

06:00

07:00

08:00

09:00

10:00

11:00

12:00

01:00

02:00

03:00

04:00

05:00

06:00

07:00

08:00

Siña bo mes pa hasi orashon i konfia.

1

Djamars
Tuesday

Lamentashon 3:22-23 Di bèrdat, e miserikòrdia di SEÑOR no ta kaba nunka, pasobra Su kompashon nunka no ta faya. Tur mainta nan ta nobo; grandi ta Bo fieldat.

05:00

06:00

07:00

08:00

09:00

10:00

11:00

12:00

01:00

02:00

03:00

04:00

05:00

06:00

07:00

08:00

Dios nunka no ta kambia, Su kompashon ta sin Límite. E ta Máksimo, Eterno i E ta INKAMBIABEL

2

Djárason

1 Korintionan 13:13 Ma awor ta keda fe, speransa, amor, e tresnan aki; ma esun di mas ekselente di esakinan ta amor.

05:00

06:00

07:00

08:00

09:00

10:00

11:00

12:00

01:00

02:00

03:00

04:00

05:00

06:00

07:00

08:00

Amor ta duna sin spera nada bèk. Mustra e amor di Dios na otronan!

3

Djaweps

Romanonan 8:38-39 Pasobra mi ta konvensí ku ni morto, ni bida, ni angelnan, ni prinsipadonan, ni kosnan presente, ni kosnan futuro, ni podernan, ni haltura, ni profundidat, ni ningun otro kos kreá, lo por separá nos for di e amor di Dios ku ta den Cristo Jesus nos Señor.

05:00

06:00

07:00

08:00

09:00

10:00

11:00

12:00

01:00

02:00

03:00

04:00

05:00

06:00

07:00

08:00

Bida eterno kier men den presensia di Señor pa semper i semper.
Alabansa pa eternidat.

4

Djabièrnè

Filipensenan 4:13 Tur kos mi por den Cristo, Kende ta duna mi fortalesa.

05:00

06:00

07:00

08:00

09:00

10:00

11:00

12:00

01:00

02:00

03:00

04:00

05:00 Felis Sabat

06:00

07:00

08:00

Bo debilidatnan ta un oportunidat pa krese.

5

Djasabra
Saturday

05:00

07:00

09:00

11:00

01:00

03:00

05:00

07:00

08:00

6

Djadumingu
Sunday

05:00

07:00

09:00

11:00

01:00

03:00

05:00

07:00

08:00

Dios
ta nos lugá
di skonde.

Miralda Paula-Frans

Sèptèmber

2020

7

Djaluna

Sofonias 3:17 SEÑOR bo Dios ta meimei di bo, un guerero viktorioso. E lo regosihá den bo ku alegria, E lo ta ketu den Su amor, E lo regosihá den bo ku gritu di alegria."

05:00

06:00

07:00

08:00

09:00

10:00

11:00

12:00

01:00

02:00

03:00

04:00

05:00

06:00

07:00

08:00

No tin koinsidensia, Dios tin un plan perfekto pa bo bida i E ta huntu ku bo pa konkretisé.

8

Djamars
Tuesday

Galationan 5:22-23 Ma fruta di e Spiritu ta amor, goso, pas, pasenshi, kariño, bondat, fieldat, mansedumbre, dominio propio; kontra kosnan asina no tin lei.

05:00

06:00

07:00

08:00

09:00

10:00

11:00

12:00

01:00

02:00

03:00

04:00

05:00

06:00

07:00

08:00

Ora bo tin Kristu, e kualidatnan i e birtutnan akí ta bo estilo di bida.

9

Djárason
Wednesday

Jeremias 29:12 Anto boso lo sklama na Mi i bin hasi orashon na Mi, i lo Mi skucha boso.

05:00

06:00

07:00

08:00

09:00

10:00

11:00

12:00

01:00

02:00

03:00

04:00

05:00

06:00

07:00

08:00

Dios su oloshi ta kana otro ku esun di nos tin biaha.

10

Jeremias 19:13 I boso lo buskaMi i hañaMi, ora boso buskaMi ku henter boso kurason.

05:00

06:00

07:00

08:00

09:00

10:00

11:00

12:00

01:00

02:00

03:00

04:00

05:00

06:00

07:00

08:00

Un hende umilde ta lihé pa siña, p'esei maske kon eksperto bo ta, sea habrí pa skucha, siña i praktiká.

11 Djabièrnè

Friday

Salmonan 100:4-5 Drenta Su portanan ku gradisimentu, i Su plenchinan ku alabansa; dun'E gradisimentu, bendishoná Su nòmber, pasobra SEÑOR ta bon; Su miserikòrdia ta pa semper, i Su fieldat ta pa tur generashon.

05:00

06:00

07:00

08:00

09:00

10:00

11:00

12:00

01:00

02:00

03:00

04:00

05:00 Felis Sabat

06:00

07:00

08:00

Dios ta gusta duna, pero e no gusta hende ku ta bin serka djE pa haña so.

12

Djasabra
Saturday

05:00

07:00

09:00

11:00

01:00

03:00

05:00

07:00

08:00

13

Djadumingu
Sunday

05:00

07:00

09:00

11:00

01:00

03:00

05:00

07:00

08:00

Sèptèmbèr

2020

14

Djaluna

Mateo 28:18-20 I Jesus a hala serka i a papia ku nan, bisando: "Tur outoridat a wòrdu duná na Mi den shelu i riba tera. Pesei, bai i hasi tur e nashonnan disipel di Mi, i batisá nan den den nòmber di e Tata i di e Yu i di e Spiritu Santu, i siña nan pa kumpli ku tur loke Mi a ordená boso; i mira, Mi ta ku boso semper, te na fin di mundu." Amèn.

05:00

06:00

07:00

08:00

09:00

10:00

11:00

12:00

01:00

02:00

03:00

04:00

05:00

06:00

07:00

08:00

Sintiendo falta di un kompania awe? Hesus ta ku bo na unda ku bo bai, e ta djis a "prayer away"!

15

Djamars

Tuesday

2 Krónikanan 7:14 Si Mi pueblo ku ta wòrdu yamá na Mi nòmber umiyá nan mes i hasi orashon, i buska Mi kara i bira for di nan mal kamindanan, e ora ei lo Mi tende for di shelu, i lo pordoná nan piká i kura nan tera.

05:00

06:00

07:00

08:00

09:00

10:00

11:00

12:00

01:00

02:00

03:00

04:00

05:00

06:00

07:00

08:00

Señor ta gusta masha ora nos humiá nos mes Su dilanti.

(S e p t è m b e r   2 0 2 0)

16 Djárason

Salmo 27:4 Un kos mi a deseá di SEÑOR, esei lo mi buska: ku mi por keda den e kas di SEÑOR tur e dianan di mi bida, pa kontemplá e bunitesa di SEÑOR, i pa meditá den Su tèmpel.

05:00

06:00

07:00

08:00

09:00

10:00

11:00

12:00

01:00

02:00

03:00

04:00

05:00

06:00

07:00

08:00

Si awe ta un dia ku tur kos ta sali robes pa bo, meditá riba Señor i Su bunitesa.

17

Djaweps
Thursday

Levítiko 26:12 Tambe lo Mi kana meimei di boso i lo ta boso Dios, i boso lo ta Mi pueblo.

05:00

06:00

07:00

08:00

09:00

10:00

11:00

12:00

01:00

02:00

03:00

04:00

05:00

06:00

07:00

08:00

Dios ta kana huntu ku nos pa lanta nos kabes i nos brasanan ora ku nos no por mas.

Sèptèmber 2020

18

Djabièrnè

Friday

Numbernan 6:24-26 Ku SEÑOR bendishonábo i wardabo; ku SEÑOR hasi Su kara resplandesé riba bo, i tene miserikòrdia di bo; ku SEÑOR halsa Su kara riba bo, i dunabo pas.

05:00

06:00

07:00

08:00

09:00

10:00

11:00

12:00

01:00

02:00

03:00

04:00

05:00   Felis Sabat

06:00

07:00

08:00

Dios Su deseo ta pa bendishoná bo i duna bo pas meimei di sirkunstansianan difísil. No desmayá!

19

Djasabra
Saturday

05:00
07:00
09:00
11:00
01:00
03:00
05:00
07:00
08:00

20

Djadumingu
Sunday

05:00
07:00
09:00
11:00
01:00
03:00
05:00
07:00
08:00

Sèptèmbr

2020

BAN PRAKTIKÁ BONDAT DELIBERADAMENTE

Itala Leander

21

Djaluna
Monday

Salmo 1:2-3 Ma su delisia ta den e lei di SEÑOR, i den Su lei e ta meditá di dia i anochi. I e lo ta manera un palu, plantá kantu di koridanan di awa, ku ta duna su fruta na su tempu, i su blachi no ta marchitá; i tur loke ku e hasi ta prosperá.

05:00

06:00

07:00

08:00

09:00

10:00

11:00

12:00

01:00

02:00

03:00

04:00

05:00

06:00

07:00

08:00

Gosa awe pa sinta na e pia di Hesus i skucha e loke E ke bisa bo for di Su Palabra.

22 Djamars

Deuteronomio 7:9 P'esei, sabi ku SEÑOR bo Dios, E ta Dios, e Dios fiel, Kende ta warda Su aliansa i Su miserikòrdia pa ku esnan ku ta stim'E i ta warda Su mandamentunan te na e di mil generashon

05:00

06:00

07:00

08:00

09:00

10:00

11:00

12:00

01:00

02:00

03:00

04:00

05:00

06:00

07:00

08:00

E palabra Satanas ta nifiká e atversario. E ta kontra di bo. Semper!

23

Djárason
Wednesday

Deuteronomio 6:5 I stima SEÑOR bo Dios ku henter bo kurason, ku henter bo alma i ku tur bo forsa.

05:00 ....

06:00 ....

07:00 ....

08:00 ....

09:00 ....

10:00 ....

11:00 ....

12:00 ....

01:00 ....

02:00 ....

03:00 ....

04:00 ....

05:00 ....

06:00 ....

07:00 ....

08:00 ....

Si bo sa kuantu Dios ta envolví den bo bida kada momentu, lo bo a stim'É ku henter bo kurason.

24

Djaweps

Josue 24:15 I si ta desagradabel den boso bista pa sirbi SEÑOR, skohe pa boso mes awe kende boso lo sirbi: sea e diosnan ku boso tatanan tabata sirbi, kualnan tabata na e otro banda di Riu Eufrates, òf e diosnan di e amoreonan, den kende nan tera boso ta biba; ma pa loke ta ami i mi kas, nos lo sirbi SEÑOR."

05:00

06:00

07:00

08:00

09:00

10:00

11:00

12:00

01:00

02:00

03:00

04:00

05:00

06:00

07:00

08:00

Ki desishon bo ta tuma awe? Obedesé Dios òf sigui bo mes deseonan?

25 Djabièrnè

1 Samuel 16:7 Ma SEÑOR a bisa Samuel: "No wak su aparensia ni e haltura di su estatura, pasobra Mi a rechas'é; pasobra Dios no ta mira manera hende ta mira, pasobra hende ta wak aparensia di pafó, ma SEÑOR ta wak kurason."

05:00

06:00

07:00

08:00

09:00

10:00

11:00

12:00

01:00

02:00

03:00

04:00

05:00   Felis Sabat

06:00

07:00

08:00

Bo por gaña hende pero bo no por gaña Dios, pasobra E si sa kiko tin den bo kurason.

26

Djasabra
Saturday

05:00

07:00

09:00

11:00

01:00

03:00

05:00

07:00

08:00

27

Djadumingu
Sunday

05:00

07:00

09:00

11:00

01:00

03:00

05:00

07:00

08:00

*Tur mainta ora
mi lanta mi ta keda
maraviyá ku mi por
kuminsá
ku un página
limpi pasobra
Dios su
miserikordia
ta nobo kada dia.
Ruth Barrientos*

Orashon pa e Siman akí:

1. _____
2. _____
3. _____
4. _____
5. _____
6. _____
7. _____
8. _____
9. _____
10. _____
11. _____
12. _____
13. _____
14. _____
15. _____

Pasobra nos lucha no ta kontra karni i sanger, sino kontra e gobernantenan, kontra e podernan, kontra e forsanan mundial di e skuridat aki, kontra e forsanan spiritual di maldat den e lugánan selestial.
Efesionan 6:12

28

Djaluna
Monday

Salmonan 8:4-5 Ta kiko hende ta, ku Bo ta kòrda di djé? I e yu di hende, ku Bo ta hasi kaso di djé? Sinembargo, Bo a hasié un poko menos ku e angelnan, i ta koroné ku gloria i mahestat!

05:00

06:00

07:00

08:00

09:00

10:00

11:00

12:00

01:00

02:00

03:00

04:00

05:00

06:00

07:00

08:00

Dios ta Esun ku ta duna biennan na hende.

Sèptèmber

2020

29

Djamars
Tuesday

Proverbionan 22:1 Un bon nòmber ta mas di deseá ku gran rikesa, i apresio ta mihó ku plata i oro.

05:00

06:00

07:00

08:00

09:00

10:00

11:00

12:00

01:00

02:00

03:00

04:00

05:00

06:00

07:00

08:00

Si bo ta buska Dios pa kos, lo bo bai ora bo no haña.

30 Djárason

Jeremias 32:27 Mira, Ami ta SEÑOR, e Dios di tur karni; akaso tin algu ku ta muchu difísil pa Mi?

05:00

06:00

07:00

08:00

09:00

10:00

11:00

12:00

01:00

02:00

03:00

04:00

05:00

06:00

07:00

08:00

Sinta ketu den mi presensia i skucha Mi, trese tur bo karganan i laga nan serka Mi. Ami lo duna bo loke ta bon pa bo!

1

Djaweps
Thursday

Ezekiel 36:26-27 Ademas, lo Mi duna boso un kurason nobo i pone un spiritu nobo den boso. Lo Mi kita e kurason di piedra for di boso karni i duna boso un kurason di karni. I lo Mi pone Mi Spiritu den boso i hasi boso kana den Mi statutonan, i boso lo pèrkurá di kumpli ku Mi ordenansanan.

05:00
06:00
07:00
08:00
09:00
10:00
11:00
12:00
01:00
02:00
03:00
04:00
05:00
06:00
07:00
08:00

Sea dispuesto pa renunsiá bo plannan personal, pa brasa i biba den e boluntat di Dios. Difísil no? Pero e Spiritu Santu di Dios lo yuda bo.

2 Djabièrnè

Friday

Daniel 2:22 Ta E ta Esun ku ta revelá e kosnan profundo i skondí;
E sa kiko tin den skuridat, i e lus ta biba serka djE.

05:00

06:00

07:00

08:00

09:00

10:00

11:00

12:00

01:00

02:00

03:00

04:00

05:00 Felis Sabat

06:00

07:00

08:00

Oktober

2020

Bo tin miedu pa biba e bida Kristian pensando ku e ta difísil? Pidi
Hesus siña bo ta kon. E por!

3

Djasabra
Saturday

05:00 ....

07:00 ....

09:00 ....

11:00 ....

01:00 ....

03:00 ....

05:00 ....

07:00 ....

08:00 ....

4

Djadumingu
Sunday

05:00 ....

07:00 ....

09:00 ....

11:00 ....

01:00 ....

03:00 ....

05:00 ....

07:00 ....

08:00 ....

Ora kos ta malu

♥ Toka alabansa
Sende un bela ku ta hole dushi♡
Bebe vitamina B6 i B12
♥ Bula kabuya 20 biaha♡
♥Habri tur bentana i laga airu fresku pasa
Skibi den bo diario♥
♥ Pinta òf fèrf
Bai kana, maske awa ta kai
Pone flor riba mesa
♡ Traha un bolo
Kishiki bo yunan ♥
Hari i konta "joke" ounke bo kurason mes ta wantá ainda
Hasi orashon pa DIOS transformá e atmosfera den bo kas.
♡♡Kuminsá ku abo mes.♡♡

Luisette Kraal

www.luisettekraal.com

Orashon pa e Siman akí:

1. _____
2. _____
3. _____
4. _____
5. _____
6. _____
7. _____
8. _____
9. _____
10. _____
11. _____
12. _____
13. _____
14. _____
15. _____

Pasobra nos lucha no ta kontra karni i sanger, sino kontra e gobernantenan, kontra e podernan, kontra e forsanan mundial di e skuridat akí, kontra e forsanan spiritual di maldat den e lugánan selestial.
Efesionan 6:12

5

Djaluna

Mikeas 6:8 El a bisa bo, O hende, loke ta bon; i kiko SEÑOR ta eksigí di bo, si no ta pa hasi hustisia, pa stima miserikòrdia, i pa kana umildemente ku bo Dios?

05:00

06:00

07:00

08:00

09:00

10:00

11:00

12:00

01:00

02:00

03:00

04:00

05:00

06:00

07:00

08:00

No usa bo lep djis pa kos zona bon. Usa bo boka pa alabá nos Dios.

6

Djamars
Tuesday

Malakias 4:2 Ma pa boso ku ta teme Mi nòmber e solo di hustisia lo sali ku kuramentu den su halanan; i boso lo sali i bula ront manera bishénan for di stal.

05:00

06:00

07:00

08:00

09:00

10:00

11:00

12:00

01:00

02:00

03:00

04:00

05:00

06:00

07:00

08:00

Beibel ta bisa ku nos yunan ta regalo di Dios.

7

Djárason
Wednesday

Lukas 19:10 Pasobra e Yu di Hende a bin pa buska i salbá loke tabata pèrdí.

05:00

06:00

07:00

08:00

09:00

10:00

11:00

12:00

01:00

02:00

03:00

04:00

05:00

06:00

07:00

08:00

Kiko Dios su plan simpel pa nos bida ta? Salba nos di piká. Fásil.

8

Djaweps

Thursday

Romanonan 1:16 Pasobra mi no tin bèrgwensa di e evangelio, pasobra esaki ta e poder di Dios pa salbashon pa tur ku ta kere, pa e hudiu promé i tambe pa e griego.

05:00

06:00

07:00

08:00

09:00

10:00

11:00

12:00

01:00

02:00

03:00

04:00

05:00

06:00

07:00

08:00

Di nada ta sirbi mi hasi un mion kos, si mi no ta hasi loke Dios ke pa mi hasi.

9

Djabièrnè

Friday

1 Korintionan 2:9 Ma manera ta pará skirbí: "Kosnan ku wowo no a mira ni orea a tende, ni a drenta kurason di hende, tur loke Dios a prepará pa esnan ku ta stim'E."

05:00 _____

06:00 _____

07:00 _____

08:00 _____

09:00 _____

10:00 _____

11:00 _____

12:00 _____

01:00 _____

02:00 _____

03:00 _____

04:00 _____

05:00 Felis Sabat

06:00 _____

07:00 _____

08:00 _____

Oktober

2020

Mente humano hamas por komprendé e magnitut di Dios su rikesanan ku E tin reservá pa abo ku ta stim'E.

10

Djasabra
Saturday

05:00

07:00

09:00

11:00

01:00

03:00

05:00

07:00

08:00

Oktobe

11

Djadumingu
Sunday

05:00

07:00

09:00

11:00

01:00

03:00

05:00

07:00

08:00

Hesus a hasi e sakrifisio di mas grandi, pa e preis di mas abou: gratis!

Priscilla Krolis

2020

12

Djaluna

Monday

1 Korintionan 6:19-20 Òf boso no sa ku boso kurpa ta e tèmpel di Spiritu Santu, Kende ta den boso, Kende boso tin di Dios, i ku boso no ta pertenesé na boso mes? Pasobra boso a wòrdu kumprá pa un preis: p'esei glorifiká Dios den boso kurpa.

05:00

06:00

07:00

08:00

09:00

10:00

11:00

12:00

01:00

02:00

03:00

04:00

05:00

06:00

07:00

08:00

Dios ta un Spiritu. E Spiritu Santu ku ta keda ku nos pa semper.

13 Djamars

Rebelashon 21:3-4 I mi a tende un bos duru for di e trono, bisando: "Mira, e tabernakel di Dios ta meimei di hende, i E lo biba meimei di nan, i nan lo ta Su pueblo, i Dios mes lo ta meimei di nan, i E lo seka tur lágrima kita for di nan wowo; i lo no tin morto mas; lo no tin lamento mas, ni yoramentu, ni doló; e promé kosnan a pasa."

05:00

06:00

07:00

08:00

09:00

10:00

11:00

12:00

01:00

02:00

03:00

04:00

05:00

06:00

07:00

08:00

Tin rekompensá pa bo trabou, no baha brasa.

14 Djárason

Wednesday

Galationan 2:20 Mi a wòrdu krusifiká ku Cristo; i no ta ami ta biba mas, ma Cristo ta biba den mi; i e bida ku mi ta biba awor den karni, mi ta biba pa medio di fe den e Yu di Dios, Kende a stimami, i a entregá Su mes pa mi.

05:00

06:00

07:00

08:00

09:00

10:00

11:00

12:00

01:00

02:00

03:00

04:00

05:00

06:00

07:00

08:00

Oktober

2020

Probechá e dia aki pa; pordoná, smail, stima i pa biba pa Hesus ku un kurason yen di gratitut.

15

Efesionan 2:8 Pasobra pa medio di grasia boso a wòrdu salbá dor di fe, i esei no di boso mes; e ta e don di Dios;

05:00

06:00

07:00

08:00

09:00

10:00

11:00

12:00

01:00

02:00

03:00

04:00

05:00

06:00

07:00

08:00

Oktober

2020

Nos tin siudadania den Shelu

16 Djabièrnè

Efesionan 2:10 Pasobra nos ta e obra di Su man, kreá den Cristo Jesus pa bon obranan, kualnan Dios a prepará di antemano, pa nos kana den nan.

05:00	
06:00	
07:00	
08:00	
09:00	
10:00	
11:00	
12:00	
01:00	
02:00	
03:00	
04:00	
05:00 Felis Sabat	
06:00	
07:00	
08:00	

Oktober

2020

Salbá pa Sirbi kier men ku semper bo ta buska oportunidat pa yuda un hende.

17

Djasabra
Saturday

05:00 ....

07:00 ....

09:00 ....

11:00 ....

01:00 ....

03:00 ....

05:00 ....

07:00 ....

08:00 ....

Oktobe

18

Djadumingu
Sunday

05:00 ....

07:00 ....

09:00 ....

11:00 ....

01:00 ....

03:00 ....

05:00 ....

07:00 ....

08:00 ....

2020

19

Djaluna
Monday

Filipensenan 4:4 Regosihá den Señor semper; atrobe lo mi bisa, regosihá!

05:00

06:00

07:00

08:00

09:00

10:00

11:00

12:00

01:00

02:00

03:00

04:00

05:00

06:00

07:00

08:00

Wak kon perfekto, bunita i maravioso Dios a traha flornan.

20

Djamars
Tuesday

Kolosensenan 3:2 Pone boso mente riba e kosnan djariba, no riba e kosnan ku ta riba tera.

05:00

06:00

07:00

08:00

09:00

10:00

11:00

12:00

01:00

02:00

03:00

04:00

05:00

06:00

07:00

08:00

Ora bo tin ku laba tayó (atrobe) bisa Dios danki ku tabatin kuminda.

21

Djárason

Wednesday

2 Tesalonisensenan 3:5 I ku Señor dirigí boso kurason den
e amor di Dios i den e firmesa di Cristo.

05:00

06:00

07:00

08:00

09:00

10:00

11:00

12:00

01:00

02:00

03:00

04:00

05:00

06:00

07:00

08:00

Oktober

2020

E opstákulonan no ta poné einan pa stòp mi, nan ta
oportunidatnan den mi kaminda.

22

Djaweps
Thursday

2 Timoteo 2:15 Hasi tur bo esfuerso pa presentá bo mes aprobá dilanti di Dios manera un trahadó ku no tin motibu pa tin bèrgwensa, ku ta parti e palabra di bèrdat na un manera korekto.

05:00

06:00

07:00

08:00

09:00

10:00

11:00

12:00

01:00

02:00

03:00

04:00

05:00

06:00

07:00

08:00

Hesus a biba 33 aña so, pero wak kon El a impaktá mundu.

23

Djabièrnè

Friday

1 Juan 1:9 Si nos konfesá nos pikánan, E ta fiel i hustu pa pordoná nos nos pikánan i pa limpia nos di tur inhustisia

05:00
06:00
07:00
08:00
09:00
10:00
11:00
12:00
01:00
02:00
03:00
04:00
05:00   Felis Sabat
06:00
07:00
08:00

Mi manera di aktua awe tabata prudente?

Oktober

2020

24

Djasabra
Saturday

05:00 ....

07:00 ....

09:00 ....

11:00 ....

01:00 ....

03:00 ....

05:00 ....

07:00 ....

08:00 ....

Oktobe

25

Djadumingu
Sunday

05:00 ....

07:00 ....

09:00 ....

11:00 ....

01:00 ....

03:00 ....

05:00 ....

07:00 ....

08:00 ....

2020

26

Djaluna
Monday

2 Juan 1:6 I esaki ta amor, ku nos mester kana segun Su mandamentunan. Esaki ta e mandamentu, meskos ku boso a tende for di prinsipio, ku boso mester kana aden.

05:00

06:00

07:00

08:00

09:00

10:00

11:00

12:00

01:00

02:00

03:00

04:00

05:00

06:00

07:00

08:00

Oktober

2020

No brua. Tur bo donnan ta bin di Dios.

27

Djamars
Tuesday

Hudas 20-21 Ma boso, rumannan stimá, edifikando boso mes den boso santísimo fe, hasiendo orashon den Spiritu Santu, konservá boso mes den e amor di Dios, sperando ku gran antisipashon e miserikòrdia di nos Señor Jesu- Cristo pa bida etèrno.

05:00

06:00

07:00

08:00

09:00

10:00

11:00

12:00

01:00

02:00

03:00

04:00

05:00

06:00

07:00

08:00

Dios no tin mester di nada di nos. E ke bendishoná abo!

Oktober 2020

28

Djárason

Rebelashon 22:13 Ami ta e Alfa i e Omega, e Promé i e Ultimo, e Prinsipio i e Fin.

05:00

06:00

07:00

08:00

09:00

10:00

11:00

12:00

01:00

02:00

03:00

04:00

05:00

06:00

07:00

08:00

Oktober

2020

Mi aktitut a agradá Dios awe?

29

Djaweps
Thursday

Yerba ta seka i flor ta kai, ma e palabra di SEÑOR ta permanesé pa semper. 1 Pedro 1:24-25

05:00

06:00

07:00

08:00

09:00

10:00

11:00

12:00

01:00

02:00

03:00

04:00

05:00

06:00

07:00

08:00

Ora bo ta lesa Beibel i no ta komprondé, bisa Dios: "Tata mustra mi kiko esaki ta nifiká."

30

Djabièrnè

Rebelashon 3:20 Ata, Mi ta para na porta i ta bati; si un hende tende Mi bos i habri porta, lo Mi drenta serka djé, i lo sena kuné i é ku Mi.

05:00

06:00

07:00

08:00

09:00

10:00

11:00

12:00

01:00

02:00

03:00

04:00

05:00 Felis Sabat

06:00

07:00

08:00

Si Hesus bin bishitá bo awe, kiko ta tur e kosnan ku bo mester kore drecha lihé lihé den bo bida?

31

Djasabra

Saturday

05:00 _____
06:00 _____
07:00 _____
08:00 _____
09:00 _____
10:00 _____
11:00 _____
12:00 _____
01:00 _____
02:00 _____
03:00 _____
04:00 _____
05:00 _____
06:00 _____
07:00 _____
08:00 _____

1

Djadumingu
Sunday

November

05:00
06:00
07:00
08:00
09:00
10:00
11:00
12:00
01:00
02:00
03:00
04:00
05:00
06:00
07:00
08:00

2020

2

Djaluna
Monday

Galationan 3:28 Awor no tin ni hudiu ni griego, no tin ni esklabu ni hende liber, no tin ni hòmber ni muhé; pasobra boso tur ta ún den Cristo Jesus.

05:00

06:00

07:00

08:00

09:00

10:00

11:00

12:00

01:00

02:00

03:00

04:00

05:00

06:00

07:00

08:00

Den Kristu bo ta bal!

3

Djamars

Tuesday

Hebreonan 4:12 Pasobra e Palabra di Dios ta bibu i aktivo i mas skèrpi ku kualkier spada di dos filo, i ta penetrá te na e divishon di alma i spiritu, i di skarnir i tuti, i ta kapas pa huzga e pensamentunan i intenshonnan di kurason.

05:00

06:00

07:00

08:00

09:00

10:00

11:00

12:00

01:00

02:00

03:00

04:00

05:00

06:00

07:00

08:00

Sí, e Palabra di Dios ta Bibu i aktivo, les'e i aplik'é na bo situashon kada dia di bo bida. Lo bo keda maraviá!

Novèmber

2020

4

Djárason
Wednesday

1 Pedro 3:10 Pasobra: Laga esun ku kier stima bida i mira dianan bon frena su lenga di loke ta maldat i su lepnan di papia engaño.

05:00

06:00

07:00

08:00

09:00

10:00

11:00

12:00

01:00

02:00

03:00

04:00

05:00

06:00

07:00

08:00

Bo reputashon ta konta mas ku bo kuenta di banko.

5

Djaweps
Thursday

2 Korintionan 13:11 Por último, rumannan, regosihá, sea perfekto, konsolá boso, sea di akuèrdo ku otro, biba na pas; i e Dios di amor i di pas lo ta ku boso.

05:00

06:00

07:00

08:00

09:00

10:00

11:00

12:00

01:00

02:00

03:00

04:00

05:00

06:00

07:00

08:00

Laga bo Si ta Si i laga bo NÒ ta NÒ

6 Djabièrnè

Hebreonan 13:5-6 Laga boso karakter ta liber di amor pa plaka i sea kontentu ku loke boso tin; pasobra E mes a bisa: "Nunka lo Mi no bandonábo, i nunka lo Mi no lagabo desampará," asina ku nos ta bisa ku tur konfiansa: "SEÑOR ta mi yudadó, lo mi no tin miedu. Kiko hende por hasimi?"

05:00

06:00

07:00

08:00

09:00

10:00

11:00

12:00

01:00

02:00

03:00

04:00

05:00   Felis Sabat

06:00

07:00

08:00

Dios ta gusta duna, pero e no gusta hende ku ta bin serka djE pa haña so.

7

Djasabra
Saturday

05:00

07:00

09:00

11:00

01:00

03:00

05:00

07:00

08:00

8

Djadumingu
Sunday

05:00

07:00

09:00

11:00

01:00

03:00

05:00

07:00

08:00

Mas kayente e kandela di prueba, mas grandi Dios Su grasia ta pa mi.

Priscilla Krolis

9

Djaluna
Monday

Mateo 6:34 P'esei, no preokupá boso mes pa e dia di mañan; pasobra e dia di mañan lo pèrkurá pa su mes. Kada dia tin sufisiente problema di su mes.

05:00

06:00

07:00

08:00

09:00

10:00

11:00

12:00

01:00

02:00

03:00

04:00

05:00

06:00

07:00

08:00

Si bo ke gosa di bida no bebe, no huma, no usa droga ni parandiá. E bida ei ta kaba na aros ku koko.

10

Djamars

Mateo 6:19-21 No montoná tesoro pa boso mes riba tera, kaminda mòt i frustu ta destruí nan, i kaminda ladron ta kibra drenta i hòrta; ma montoná tesoro pa boso mes den shelu, kaminda ni mòt ni frustu no ta destruí nan, i kaminda ladron no ta kibra drenta ni hòrta; pasobra kaminda boso tesoro ta, einan boso kurason lo ta tambe.

05:00

06:00

07:00

08:00

09:00

10:00

11:00

12:00

01:00

02:00

03:00

04:00

05:00

06:00

07:00

08:00

No ta Facebook su "LIKE" ta konta. Ta Hesus Su "LOVE".

11

Djárason
Wednesday

Mateo 6:24 Ningun hende no por sirbi dos shon; pasobra òf e lo odia esun i stima e otro, òf e lo ta leal na esun i despresiá e otro. Boso no por sirbi Dios i rikesa

05:00

06:00

07:00

08:00

09:00

10:00

11:00

12:00

01:00

02:00

03:00

04:00

05:00

06:00

07:00

08:00

No gasta henter bo bida kumpra kas, outo i mas i mas kosnan material, despues bo mester traha duru pa paga nan.

12

Djaweps
Thursday

Hebreonan 13:4 Laga matrimonio wòrdu onrá pa tur hende, i laga e kama matrimonial ta sin mancha; pasobra Dios lo huzga fornikadónan i adúlteronan.

05:00

06:00

07:00

08:00

09:00

10:00

11:00

12:00

01:00

02:00

03:00

04:00

05:00

06:00

07:00

08:00

Matrimonio ta un proyekto di Dios, p'esei hasi E sentral den boso matrimonio. Huntu ku Dios bo por keda leu for di adulterio i fornikashon!

13 Djabièrnè

Friday

Huan 3:16 Pasobra Dios a stima mundu asina tantu, ku El a duna Su Yu unigénito, pa ken ku kere den djE no bai pèrdí, ma tin bida etèrno.

05:00
06:00
07:00
08:00
09:00
10:00
11:00
12:00
01:00
02:00
03:00
04:00
05:00   Felis Sabat
06:00
07:00
08:00

Bo tambe ta pensa ku sirbi Dios kier men haña kos?

14

Djasabra
Saturday

05:00 _____

07:00 _____

09:00 _____

11:00 _____

01:00 _____

03:00 _____

05:00 _____

07:00 _____

08:00 _____

15

Djadumingu
Sunday

05:00 _____

07:00 _____

09:00 _____

11:00 _____

01:00 _____

03:00 _____

05:00 _____

07:00 _____

08:00 _____

Novèmbe

2020

Orashon pa e Siman akí:

1. _____
2. _____
3. _____
4. _____
5. _____
6. _____
7. _____
8. _____
9. _____
10. _____
11. _____
12. _____
13. _____
14. _____
15. _____

Pasobra nos lucha no ta kontra karni i sanger, sino kontra e gobernantenan, kontra e podèrnan, kontra e forsanan mundial di e skuridat akí, kontra e forsanan spiritual di maldat den e lugánan selestial.
Efesionan 6:12

16

Djaluna

Mateo 11:28 Bin serka Mi tur ku ta kansá i kargá, i lo Mi duna boso sosiegu.

05:00

06:00

07:00

08:00

09:00

10:00

11:00

12:00

01:00

02:00

03:00

04:00

05:00

06:00

07:00

08:00

Dios ta hari ku mi awe.

Novèmber

2020

17 Djamars
Tuesday

Isaías 43:2-3 Ora bo ta pasa dor di e awanan lo Mi ta ku bo, i dor di e riunan, nan lo no lastrabo bai ku bo. Ora bo ta kana dor di kandela, esaki lo no flamabo, ni e flam lo no kimabo. Pasobra Ami ta SEÑOR bo Dios, Esun Santu di Israel, bo Salbador;

05:00

06:00

07:00

08:00

09:00

10:00

11:00

12:00

01:00

02:00

03:00

04:00

05:00

06:00

07:00

08:00

Señor mi ke skonde den bo awe. Tene mi man.

18

Djárason

Wednesday

Habakuk 3:17-18 Maske e palu di figo no floria, i e matanan di wendrùif no karga fruta, maske e kosecha di e palu di oleifi faya, i e kunukunan no produsí kuminda, maske e tou wòrdu kòrtá kitá for di e kurá, i no tin baka den e stalnan, tòg lo mi alegrá den SEÑOR, lo mi regosihá den e Dios di mi salbashon.

05:00

06:00

07:00

08:00

09:00

10:00

11:00

12:00

01:00

02:00

03:00

04:00

05:00

06:00

07:00

08:00

Mi sa ku Abo ta dunadó di bida. Mi ta keda konfia.

N O v è m b e r

2020

19

Romanonan 8:28 I nos sa ku Dios ta hasi tur kos obra huntu pa bon pa esnan ku ta stima Dios, pa esnan ku ta yamá segun Su propósito.

05:00 _____

06:00 _____

07:00 _____

08:00 _____

09:00 _____

10:00 _____

11:00 _____

12:00 _____

01:00 _____

02:00 _____

03:00 _____

04:00 _____

05:00 _____

06:00 _____

07:00 _____

08:00 _____

Mi ke skucha bo bòs pa mi sigui bo kaminda.

20

Djabièrnè

Romanonan 5:8 Ma Dios ta demostrá Su mes amor pa ku nos den esaki, ku tempu nos tabata pekadó ainda, Cristo a muri pa nos.

05:00

06:00

07:00

08:00

09:00

10:00

11:00

12:00

01:00

02:00

03:00

04:00

05:00 Felis Sabat

06:00

07:00

08:00

Mi ta aseptá di ta un pekador. Laba mi awe mi Dios.

21

Djasabra
Saturday

05:00

07:00

09:00

11:00

01:00

03:00

05:00

07:00

08:00

22

Djadumingu
Sunday

05:00

07:00

09:00

11:00

01:00

03:00

05:00

07:00

08:00

Orashon no ta un chersisio, orashon ta nos rosea pa bida.

Igraima Zimmerman

2020

23

Djaluna

Huan 10:10 E ladron ta bin solamente pa hòrta, pa mata i pa destruí; Ami a bin pa nan tin bida i pa nan tin é na abundansia.

05:00

06:00

07:00

08:00

09:00

10:00

11:00

12:00

01:00

02:00

03:00

04:00

05:00

06:00

07:00

08:00

Si mi sali kas laga porta di kas habrí ta meskos ku mi a invitá ladron pa drenta. Si mi aseptá mentira di diabel ta meskos ku mi invité pa drenta.

24 Djamars

Salmonan 121:1-2 Lo mi halsa mi wowonan na e serunan; for di unda mi yudansa lo bin? Mi yudansa ta bin for di SEÑOR, Kende a traha shelu i tera.

05:00

06:00

07:00

08:00

09:00

10:00

11:00

12:00

01:00

02:00

03:00

04:00

05:00

06:00

07:00

08:00

Ora mi ta desepshoná, Mi ta wak ariba di unda mi yudansa ta bin.

25

Djárason
Wednesday

Salmonan 37:4 Deleitá bo mes den SEÑOR, i E lo duna bo e deseonan di bo kurason.

05:00

06:00

07:00

08:00

09:00

10:00

11:00

12:00

01:00

02:00

03:00

04:00

05:00

06:00

07:00

08:00

Kon bo ta manehá bo sèn? E reino di Dios ta number #1 riba bo lista?

26

Djaweps
Thursday

Kolosensenan 1:22 Tòg awor El a rekonsiliá boso den e kurpa di Su karni dor di morto, pa presentá boso Su dilanti santu i sin kulpa i sin ningun reproche.

05:00

06:00

07:00

08:00

09:00

10:00

11:00

12:00

01:00

02:00

03:00

04:00

05:00

06:00

07:00

08:00

Si tin un video sekreto ta grababo henter un dia, kiko nos lo mira?

27

Djabièrnè

Friday

Huan 6:33 E kosnan aki Mi a papia ku boso, pa den Mi boso por tin pas. Den mundu boso tin tribulashon, ma tene kurashi, Mi a vense mundu.

05:00 _____
06:00 _____
07:00 _____
08:00 _____
09:00 _____
10:00 _____
11:00 _____
12:00 _____
01:00 _____
02:00 _____
03:00 _____
04:00 _____
05:00 Felis Sabat _____
06:00 _____
07:00 _____
08:00 _____

Ora mi no sa mas, mi ta wak ariba!

N
o
v
è
m
b
e
r

2
0
2
0

28

Djasabra
Saturday

05:00 ....

07:00 ....

09:00 ....

11:00 ....

01:00 ....

03:00 ....

05:00 ....

07:00 ....

08:00 ....

29

Djadumingu
Sunday

05:00 ....

07:00 ....

09:00 ....

11:00 ....

01:00 ....

03:00 ....

05:00 ....

07:00 ....

08:00 ....

Novèmbe

2020

30

Djaluna

Monday

Salmo 20:5 Nos lo kanta di alegria pa bo viktoria, i den e nòmber di nos Dios nos lo lanta nos emblemanan. Ku SEÑOR kumpli ku tur bo petishonnan.

05:00

06:00

07:00

08:00

09:00

10:00

11:00

12:00

01:00

02:00

03:00

04:00

05:00

06:00

07:00

08:00

Señor no ta leu pero mas serka ku bo ta pensa.

Novèmber

2020

1

Djamars
Tuesday

Romanonan 8:37 Ma den tur e kosnan aki nos ta mas ku vensedor dor di Esun ku a stima nos.

05:00

06:00

07:00

08:00

09:00

10:00

11:00

12:00

01:00

02:00

03:00

04:00

05:00

06:00

07:00

08:00

No tin un persona mas felis ku esun ku sa ku e ta kuminsá un lucha komo vensedor den Kristu!

2

Djárason

Salmo 123:2 Mira, manera wowo di sirbidónan ta riba man di nan shon, manera wowo di sirbiente ta riba man di e señora, asina nos wowo ta riba SEÑOR nos Dios, te ora ku E tene miserikòrdia di nos.

05:00

06:00

07:00

08:00

09:00

10:00

11:00

12:00

01:00

02:00

03:00

04:00

05:00

06:00

07:00

08:00

Para ketu i meditá den Dios Su palabra i E lo mustra bo kosnan grandi ku nos mente humano ku tur su sabiduria no por komprondé.

3

Djaweps
Thursday

2 Krónikanan 20:12 O nos Dios, lo Bo no huzga nan? Pasobra nos
ta sin forsa dilanti di e multitut grandi aki ku ta bini kontra nos; ni
nos no sa kiko pa hasi, ma nos wowo ta riba Bo.

05:00

06:00

07:00

08:00

09:00

10:00

11:00

12:00

01:00

02:00

03:00

04:00

05:00

06:00

07:00

08:00

Bista riba sirkunstansia ta pone nos senk, ma bista riba Señor ta
lanta ánimo.

4 Djabièrnè

Friday

Salmo 33:18 Ata, e wowo di SEÑOR ta riba esnan ku ta tem'E, riba esnan ku ta spera riba Su miserikòrdia

05:00

06:00

07:00

08:00

09:00

10:00

11:00

12:00

01:00

02:00

03:00

04:00

05:00   Felis Sabat

06:00

07:00

08:00

Dios ta den shelu i E ta hasi loke E ke.

Desèmber

2020

5

Djasabra
Saturday

05:00 _____
07:00 _____
09:00 _____
11:00 _____
01:00 _____
03:00 _____
05:00 _____
07:00 _____
08:00 _____

6

Djadumingu
Sunday

05:00 _____
07:00 _____
09:00 _____
11:00 _____
01:00 _____
03:00 _____
05:00 _____
07:00 _____
08:00 _____

Palabra final, ta den Kristu Su man.

Salmo 6:9

7

Djaluna

Hebreonan 12:2 fihando nos wowo riba Hesus, e outor i kumplidó di fe, Kende, pa motibu di e goso poní Su dilanti, a soportá e sufrimentu di krus, sin hasi kaso di bèrguensa, i a sinta na man drechi di e trono di Dios.

05:00

06:00

07:00

08:00

09:00

10:00

11:00

12:00

01:00

02:00

03:00

04:00

05:00

06:00

07:00

08:00

Dia nos permití loke ta den nos mente baha yega den nos kurason, i laga Spiritu Santu transformá nos, e ora ei nos por pensa, aktua i papia manera Kristu Hesus

8

Djamars
Tuesday

Salmo 46:7 E SEÑOR di ehérsitonan ta ku nos; e Dios di Jakòb ta nos refugio.

05:00

06:00

07:00

08:00

09:00

10:00

11:00

12:00

01:00

02:00

03:00

04:00

05:00

06:00

07:00

08:00

Kana ku Hesus ta mi gemnastik.

9

Djárason

Salmo 32:7 Bo ta mi lugá di skonde; Bo ta wardami di angustia; Bo
ta rondonámi ku kantika di liberashon.

05:00

06:00

07:00

08:00

09:00

10:00

11:00

12:00

01:00

02:00

03:00

04:00

05:00

06:00

07:00

08:00

Ta te ora tur kos ta fo'i kontrol, bo ta sa realmente si bo ta kere ku
Dios tin tur kos den kontrol.

10

Djaweps
Thursday

Proverbionan 18:10 E nòmber di SEÑOR ta un toren fuerte; e hustu ta kore drenta den djé i ta sigur.

05:00

06:00

07:00

08:00

09:00

10:00

11:00

12:00

01:00

02:00

03:00

04:00

05:00

06:00

07:00

08:00

Ora bo pasado yama bo, NO KONTESTÁ! E no tin nada nobo di bisa bo.

11

Djabièrnè

Friday

Salmo 91:1 Esun ku ta biba bou di e protekshon di e Haltísimo lo permanesé den e sombra di e Todopoderoso.

05:00
06:00
07:00
08:00
09:00
10:00
11:00
12:00
01:00
02:00
03:00
04:00
05:00 Felis Sabat
06:00
07:00
08:00

Tuma desishon awe pa biba bou di e protekshon di e Dios Haltísimo.

12

Djasabra
Saturday

D
e
s
è
m
b
e

05:00 ....
07:00 ....
09:00 ....
11:00 ....
01:00 ....
03:00 ....
05:00 ....
07:00 ....
08:00 ....

13

Djadumingu
Sunday

2
0
2
0

05:00 ....
07:00 ....
09:00 ....
11:00 ....
01:00 ....
03:00 ....
05:00 ....
07:00 ....
08:00 ....

14

Djaluna
Monday

1 Juan 4:4 Boso ta di Dios, yu chikitunan, i boso a vense nan; pasobra mas grandi ta Esun ku ta den boso ku esun ku ta den mundu.

05:00

06:00

07:00

08:00

09:00

10:00

11:00

12:00

01:00

02:00

03:00

04:00

05:00

06:00

07:00

08:00

Mas kayente e kandela di prueba, mas grandi Dios Su grasia ta pa mi.

15

Djamars
Tuesday

Salmo 30:11 Bo a kambia mi lamento na baliamentu; Bo a lòs mi
paña di saku i a fahami ku alegria,

05:00

06:00

07:00

08:00

09:00

10:00

11:00

12:00

01:00

02:00

03:00

04:00

05:00

06:00

07:00

08:00

Dios ta Kampion pa kambia situashonnan malu den situashonnan
ku bon resultado!

16

Djárason

Romanonan 8:28 I nos sa ku Dios ta hasi tur kos obra huntu pa bon pa esnan ku ta stima Dios, pa esnan ku ta yamá segun Su propósito.

05:00

06:00

07:00

08:00

09:00

10:00

11:00

12:00

01:00

02:00

03:00

04:00

05:00

06:00

07:00

08:00

Ora ku surgi un bataya entre bo mente i bo kurason, no lubidá loke Dios ta bisa bo den Su Palabra.

17

Djaweps
Thursday

Salmo 138:8 SEÑOR lo kumpli ku Su propósito den mi; O SEÑOR, Bo miserikòrdia ta etèrno; no bandoná e obranan di Bo mannan.

05:00

06:00

07:00

08:00

09:00

10:00

11:00

12:00

01:00

02:00

03:00

04:00

05:00

06:00

07:00

08:00

Dios ta un Dios di propósito, E ta kumpli ku Su plan den bo bida. I mi ta sigurá bo ku Su plan ta e mihó!

18 Djabièrnè

Isaias 58:11 I SEÑOR lo guiabo kontinuamente, i lo satisfasé bo deseo den lugánan kimá dor di solo, i duna forsa na bo wesunan; lo bo ta manera un hòfi bon muhá, i manera un fuente di awa ku su awanan no ta kaba.

05:00

06:00

07:00

08:00

09:00

10:00

11:00

12:00

01:00

02:00

03:00

04:00

05:00 Felis Sabat

06:00

07:00

08:00

Satanas su plan di mas stratégiko ta, pa kambia bo komprondementu di Dios.

19

Djasabra
Saturday

05:00

07:00

09:00

11:00

01:00

03:00

05:00

07:00

08:00

20

Djadumingu
Sunday

05:00

07:00

09:00

11:00

01:00

03:00

05:00

07:00

08:00

Señor su
10.000
bendishonnan
ta murá den un
bida di
obedensia
na E.

Luisette Kraal
www.luisettekraal.com

D
e
s
è
m
b
e

2
0
2
0

21

Djaluna
Monday

Jeremias 29:11 Pasobra Mi sa e plannan ku Mi tin pa boso,' SEÑOR ta deklará, 'plannan pa pas i no pa kalamidat, pa duna boso un futuro i un speransa.

05:00

06:00

07:00

08:00

09:00

10:00

11:00

12:00

01:00

02:00

03:00

04:00

05:00

06:00

07:00

08:00

No entregá ora kos ta pinta malu òf ora morto ta parse di yega serka. Bida eterno ta serka Dios tòg

22

Djamars
Tuesday

Salmo 139:14 Mi ta alabáBo, pasobra mi ta trahá na un manera temerosamente maraviyoso; maravioso ta Bo obranan, i mi alma sa esei masha bon.

05:00

06:00

07:00

08:00

09:00

10:00

11:00

12:00

01:00

02:00

03:00

04:00

05:00

06:00

07:00

08:00

Dios lo duna nos nèt e kantidat di dianan di bida ku nos meser pa kumpli ku nos tarea aki riba tera.

23

Djárason
Wednesday

Juan 14:27 Pas Mi ta laga pa boso; Mi pas Mi ta duna boso; no manera mundu ta duna, Mi ta duna boso. No laga boso kurason bira intrankil, ni laguʼé tene miedu.

05:00

06:00

07:00

08:00

09:00

10:00

11:00

12:00

01:00

02:00

03:00

04:00

05:00

06:00

07:00

08:00

Pasobra Dios a stima mundu asina tantu, ku El a duna Su Yu unigénito, pa ken ku kere den djE no bai pèrdí, ma tin bida etèrno.
Huan 3:16

24

Djaweps

Thursday

Salmo 139:16 Bo wowonan a mira mi supstansia sin forma; i e dianan ku tabata stipulá pa mi, tur tabata skirbí den Bo buki, tempu ku no tabatin ningun di nan ainda.

05:00

06:00

07:00

08:00

09:00

10:00

11:00

12:00

01:00

02:00

03:00

04:00

05:00

06:00

07:00

08:00

Bida ta kòrtiku. Mayoria hende ta muri entre 70 pa 80 aña. Usa bo añanan bon.

25

Djabièrnè

Isaias 54:17 Ningun arma ku wòrdu formá kontra bo lo no prosperá; i tur lenga ku lanta kontra bo den huzgamentu lo bo kondená. Esaki ta e erensia di e sirbidónan di SEÑOR, i nan hustifikashon ta bin for di Mi," SEÑOR ta deklará.

05:00

06:00

07:00

08:00

09:00

10:00

11:00

12:00

01:00

02:00

03:00

04:00

05:00   Felis Sabat

06:00

07:00

08:00

Ami ta konfia den Señor tur dia di mi bida.

26

Djasabra
Saturday

05:00 ....

07:00 ....

09:00 ....

11:00 ....

01:00 ....

03:00 ....

05:00 ....

07:00 ....

08:00 ....

27

Djadumingu
Sunday

05:00 ....

07:00 ....

09:00 ....

11:00 ....

01:00 ....

03:00 ....

05:00 ....

07:00 ....

08:00 ....

Nos propósito di mas grandi ta engrandesé Dios.

Itala Leander

Orashon pa e Siman akí:

1. _____
2. _____
3. _____
4. _____
5. _____
6. _____
7. _____
8. _____
9. _____
10. _____
11. _____
12. _____
13. _____
14. _____
15. _____

Pasobra nos lucha no ta kontra karni i sanger, sino kontra e gobernantenan, kontra e podernan, kontra e forsanan mundial di e skuridat aki, kontra e forsanan spiritual di maldat den e lugánan selestial.
Efesionan 6:12

Buki di Luisette Kraal

Devoshonal pa hobennan

1. Diario Devocional para Jovenes como tu
2. Diario Devotional Chicos Dinamicos en Camino a ser Hombres De Dios
3. Devotional Journal for Strong Young Man in Training
4. Devotional Journal for Girlz like you.

Buki di Lesa (Novels)

1. Sophia's Marriage
2. Mimina the Slavegirl
3. Mimina Katibu pa Kuantu Tempu Mas

Hoben I Hoben Adulto

1. Nebo su Biahe
2. The Highway: Nebo's Journey Back to the Promised Land.
3. Riba Kaya
4. Hanna i su Kabai

Yudansa Propio

1. Guia Praktiko pa Skibi un Buki

Buki pa mucha 1-7

1. Zoe and Mr. Tom the Sower
2. Las Aventuras del Señor Tom i Zoe
3. E Aventuranan di Tio Tom i Zoe
4. The adventures of Mr. Tom and Bryan
5. Las Aventuras del Señor Tom i Bryan
6. E Aventuranan di Tio Tom i Bryan
7. Hopper Needs Clean Water
8. Hopper Needs Clean Water; Coloring book
9. Rooper, the Pet Rooster
10. Rooper, the Rooster Came to Play Coloring book

Estudio Bíbliko

1. Mara bo Faha
   Agenda/Devoshonal (hopi diferente)

www.luisettekraal.com   email: saved.serve@gmail.com

28

Djaluna
Monday

Santiago 4:7 P'esei, someté boso na Dios. Resistí diabel i e lo hui for di boso.

05:00

06:00

07:00

08:00

09:00

10:00

11:00

12:00

01:00

02:00

03:00

04:00

05:00

06:00

07:00

08:00

No aseptá pa biba bida manera un víktima, pero apropiá bo mes di e bèrdat di e Palabra di Dios i wòrdu saná i hasí kompletu.

Desèmber

2022

29

Djamars

1 Pedro 2:9 Ma boso ta un rasa skohí, un saserdosio real, un nashon santu, un pueblo pekuliar, pa boso por proklamá e alabansanan di Esun ku a yama boso for di skuridat na Su lus maravioso;

05:00

06:00

07:00

08:00

09:00

10:00

11:00

12:00

01:00

02:00

03:00

04:00

05:00

06:00

07:00

08:00

Niun hende no por bai bèk i kuminsá di nobo, pero tur hende por start AWOR AKI di nobo.
#Kuminsamentu nobo

30

Djárason
Wednesday

2 Tesalonisensenan 3:5 I ku Señor dirigí boso kurason den e amor di Dios i den e firmesa di Cristo.

05:00 _____
06:00 _____
07:00 _____
08:00 _____
09:00 _____
10:00 _____
11:00 _____
12:00 _____
01:00 _____
02:00 _____
03:00 _____
04:00 _____
05:00 _____
06:00 _____
07:00 _____
08:00 _____

E opstákulonan no ta poné einan pa stòp mi, nan ta oportunidatnan den mi kaminda.

Desèmber

2020

31

Djaweps
Thursday

Efesionan 6:10 Finalmente, sea fuerte den Señor, i den e forsa di Su poder.

05:00

06:00

07:00

08:00

09:00

10:00

11:00

12:00

01:00

02:00

03:00

04:00

05:00

06:00

07:00

08:00

Hesus ta mi Anker, Kende ta poné mi para fuerte i keda sin move, meimei di olanan di prueba.

MASHA

Yanüari

_____
_____
_____
_____

Febrüari

_____
_____
_____
_____

Mart

_____
_____
_____
_____

Aprel

_____
_____
_____
_____

Mei

_____
_____
_____
_____

Yüni

_____
_____
_____
_____

PABIEN

Yüli

_____
_____
_____

Ougùstùs

_____
_____
_____

Sèptèmber

_____
_____
_____

Oktober

_____
_____
_____

Novèmber

_____
_____
_____

Desèmber

_____
_____
_____

Bai ku Pas di Señor den 2021

Awor ku e Dios di pas,
Kende a lanta for di e mortonan e gran
Wardadó di e karnénan
dor di e sanger di e aliansa etèrno, esta,
Jesus nos Señor,
ekipá boso pa hasi Su boluntat den
tur kos bon,
obrando den nos loke ta agradabel den Su
bista,
dor di Jesu-Cristo,
na kende sea e gloria pa semper i semper.

Amèn

Hebreonan 13:20-21

www.ingramcontent.com/pod-product-compliance
Lightning Source LLC
Chambersburg PA
CBHW051906090426
42811CB00003B/482